PEP GUARDIOLA

Passübungen, Rondos, Ballbesitzspiele und Technikzirkel direkt aus Peps Trainingseinheiten

Published by

PEP GUARDIOLA

Passübungen, Rondos, Ballbesitzspiele und Technikzirkel direkt aus Peps Trainingseinheiten

Erste Auflage: September 2019 von SoccerTutor.com

Veröffentlicht in Deutsch im Juni 2022 von SoccerTutor.com

info@soccertutor.com | www.SoccerTutor.com

UK: 0208 1234 007 | **US:** (305) 767 4443 | **ROTW:** +44 208 1234 007

ISBN: 978-1-910491-56-0

Bearbeitet von

Alex Fitzgerald - SoccerTutor.com

Abbildungen

Abbildungen von SoccerTutor.com. Alle Diagramme in diesem Buch wurden mit der Software von SoccerTutor.com Tactics Manager erstellt. Verfügbar auf www.SoccerTutor.com

Übersetzt ins Deutsche von

Maximilian Lankheit

Cover Design von

Alex Macrides, Think Out Of The Box Ltd. Email: design@thinkootb.com Tel: +44 (0) 208 144 3550

Notiz: Trotz höchster Ansprüche an Genauigkeit der Inhalte in diesem Buch kann keine Verantwortung für fehlende Informationen durch die Herausgeber übernommen werden.

CONTENTS

PEP GUARDIOLA ERFOLGE

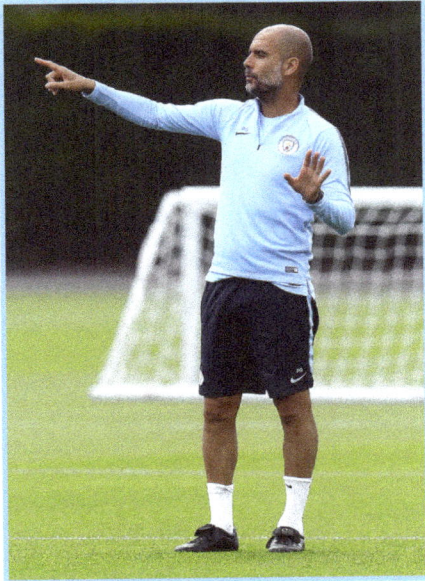

TITEL (Europa/Welt)

- UEFA Champions League x 2 (2009, 2011)
- FIFA Club World Cup x 3 (2009, 2011, 2013)
- UEFA Super Cup x 3 (2009, 2011, 2013)

TITEL (Nationale Ligen)

- English Premier League x 2 (2018, 2019)
- Deutsche Bundesliga x 3 (2014, 2015, 2016)
- Spanische La Liga x 3 (2009, 2010, 2011)
- Spanische Tercera (2nd) División (2008)

TITEL (Nationale Pokale)

- Englischer FA Cup (2019)
- Deutsche DFB-Pokal x 2 (2014, 2016)
- Spanische Copa del Rey x 2 (2009, 2012)
- Englischer EFL Cup x 2 (2018, 2019)
- Spanische Supercopa de España x 3 (2009, 2010, 2011)

PERSÖNLICHE AUSZEICHNUNGEN

- FIFA World Coach of the Year (2011)
- European Coach of Season - Press Association (2011)
- European Coach of Year - Alf Ramsey Award (2009)
- English Premier League Manager of Season (2018)
- La Liga Coach of the Year x 4 (2009, 2010, 2011, 2012)

COACHING JOBS

- Manchester City (2016 - Present)
- Bayern München (2013 - 2016)
- Barcelona (2008 - 2012)
- Barcelona B (2007 - 2008)

PEP GUARDIOLA: ZITATE VON SPIELERN

"Ich hatte einen einzigartigen Meister. Ich bin mit Pep als Spieler sehr gewachsen und habe viel von ihm gelernt. Manche Trainer sind hervorragende Taktiker, aber Pep hat auch beschrieben, welche Spielzüge man auf dem Platz machen muss und was dann passieren wird. Und das tat es!" (Lionel Messi)

"Er hilft den Spielern wirklich, sich zu entwickeln, und er hat mir sogar geholfen, mich mit 30 Jahren noch zu verbessern." (Phillip Lahm)

"Er ist ein Genie, der das Spiel liest und jede erdenkliche Situation abdeckt. Er zeigt uns immer, wie wir Räume schaffen und Lösungen finden können, und es gibt keinen Trainer wie ihn, was ihn wahrscheinlich zum besten der Welt macht." (Ilkay Gündoğan)

"Eines kann man sicher sagen: Er will dominieren. Die Leute assoziieren seine Mannschaften mit der Anzahl der Tore, die sie schießen, aber seine Mannschaften kassieren auch nicht viele Gegentore. Er will immer an der Spitze stehen, den Ball haben, in Ballbesitz sein, und er will dominieren." (Thierry Henry)

"Ich habe viel von Pep gelernt. Er ist ein Genie. Ich kann von ihm in einer Stunde mehr lernen, als von anderen in einem Jahr. Er hebt dich nicht nur auf dem Spielfeld auf die nächste Stufe, sondern auch im Kopf. Er hat mir völlig neue Möglichkeiten aufgezeigt. Ich wusste nicht, dass das möglich ist, als ich nach München kam." (Douglas Costa)

LEGENDE

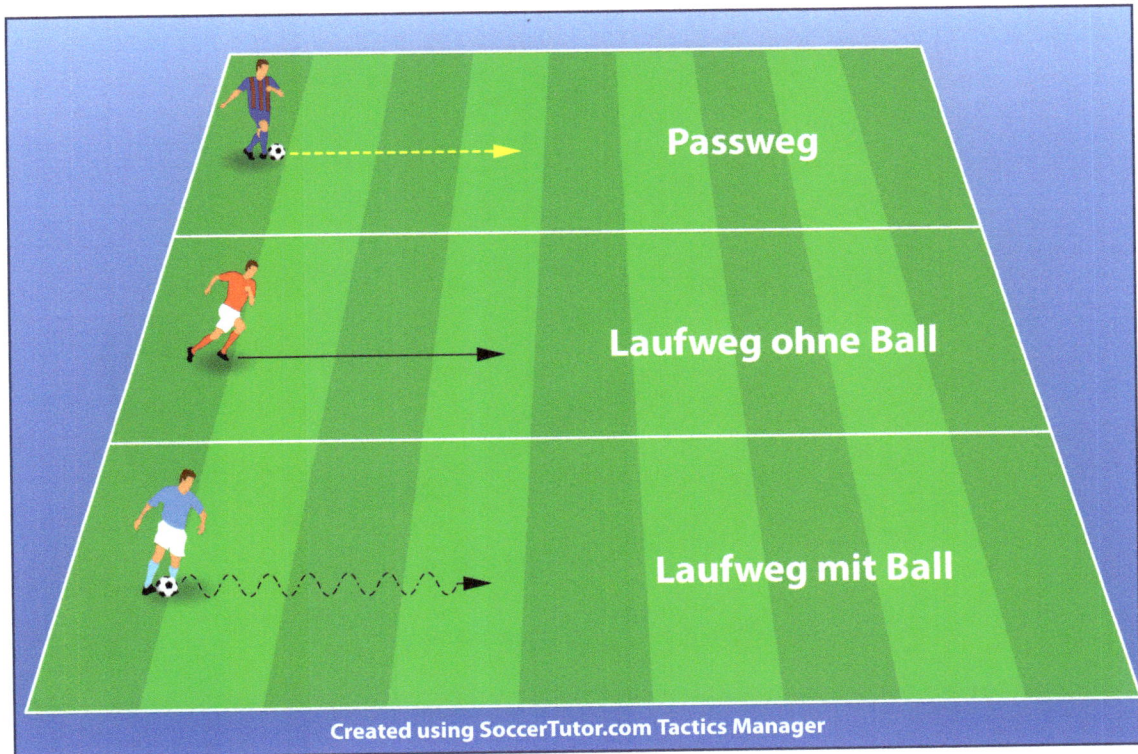

Passweg

Laufweg ohne Ball

Laufweg mit Ball

Created using SoccerTutor.com Tactics Manager

ÜBUNGSFORMAT

- Die Übungen in diesem Buch stammen direkt aus den Trainingseinheiten von Pep Guardiola bei Manchester City, Bayern München und dem FC Barcelona.

- - Jede Übung enthält das Thema/den Namen der Übung und klare Diagramme mit einer detaillierten Beschreibung.

Trainingseinheit Warm-up Übungen

Direkt aus Pep Guardiolas Manchester City Trainingseinheiten

1. Doppelpass Kombination mit Flugball in einem Warm-up Zirkel

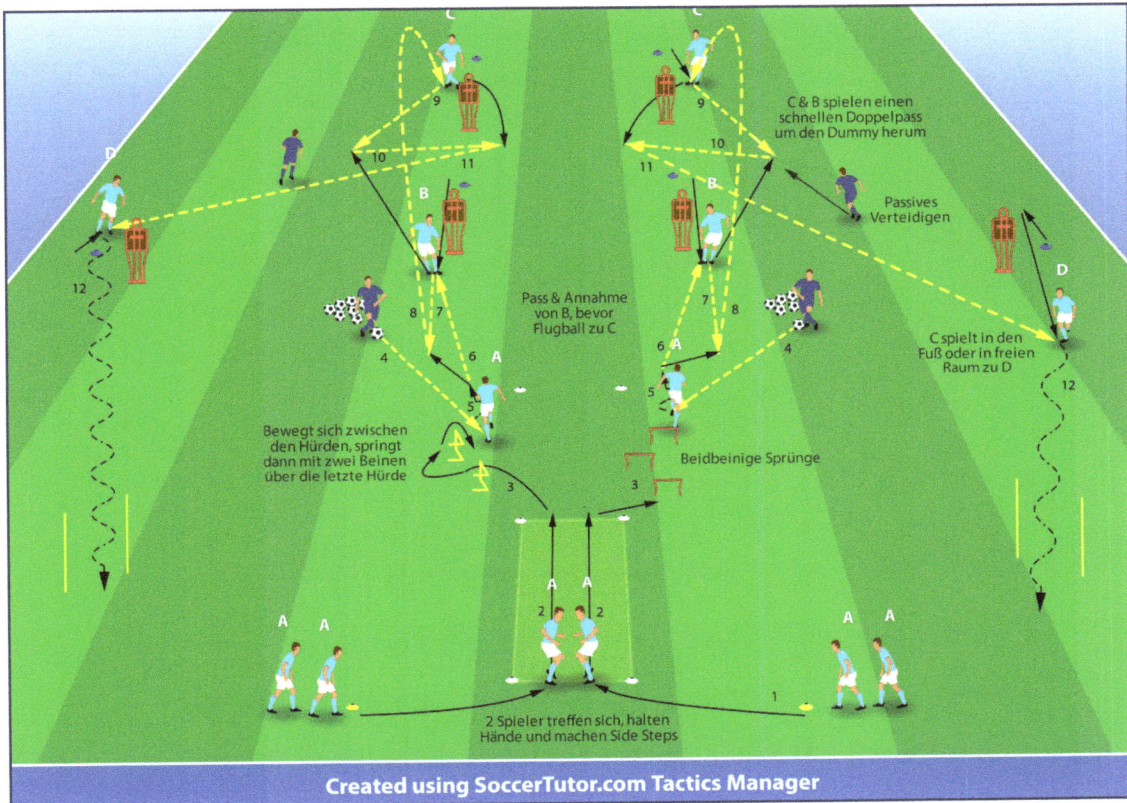

Created using SoccerTutor.com Tactics Manager

Alle Spieler rotatieren Positionen (A -> B -> C -> D -> A).

Beschreibung

1. Spieler A trifft anderen Spieler A in der Mitte.
2. Sie halten Hände und gehen im Side-Shuffle zum Hütchen.
3. Spieler A auf der linken Seite bewegt sich zwischen den Hürden und springt über die 2te. Spieler A auf der rechten Seite springt über alle 3 Hürden.
4. Coach passt den Ball.
5. Spieler A nimmt an.
6. Spieler A pass zu Spieler B.
7. Spieler B passt zurück (1-2).
8. Spieler A spielt einen Flugball zu Spieler C.
9. Spieler C spielt zurück auf Spieler B.
10. Spieler B passt vor dem Dummy zu Spieler C, der den Ball erläuft.
11. Spieler C passt entweder in den Fuß von Spieler D oder vor dem Dummy in den Lauf.
12. Spieler D nimmt den Ball auf und dribbelt durch den Stangen zum Start.

Quelle: Pep Guardiolas Manchester City Trainingseinheit am Etihad Campus Training Ground, Manchester – 13. Februar 2019

2. Schnelligkeit, Beweglichkeit und Technik Warm-up Zirkel

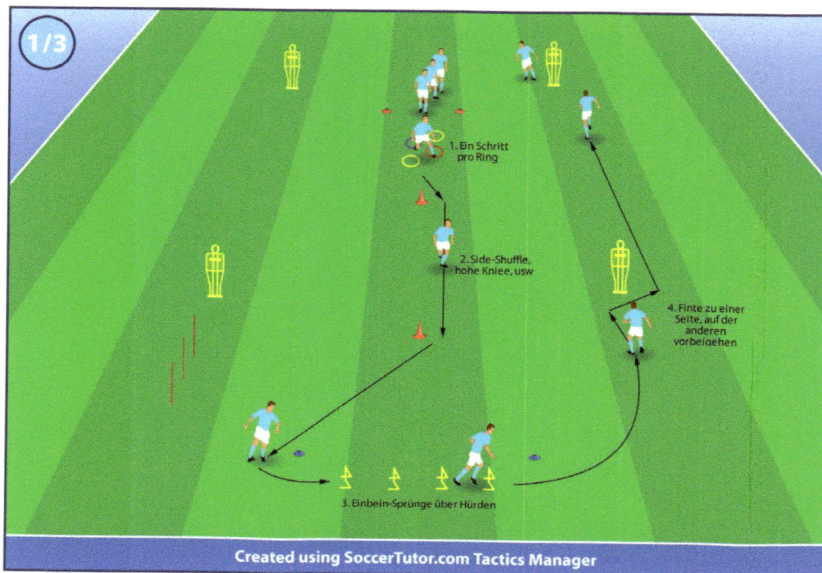

1/3

1. Ein Schritt pro Ring
2. Side-Shuffle, hohe Kniee, usw
3. Einbein-Sprünge über Hürden
4. Finte zu einer Seite, auf der anderen vorbeigehen

Created using SoccerTutor.com Tactics Manager

Spieler rotieren gegen den Uhrzeigersinn.

Variation 1/3

1. Spieler nimmt 1 Schritt in jeden Speed ring.
2. Spieler bewegen sich entweder im Side-Shuffel oder Knie-Hub.
3. Hopser über 4 Mini-Hürden.
4. Antäuschen in eine Richtung und in die andere Richtung zum Dummy sprinten.
5. Zurück zum Start.

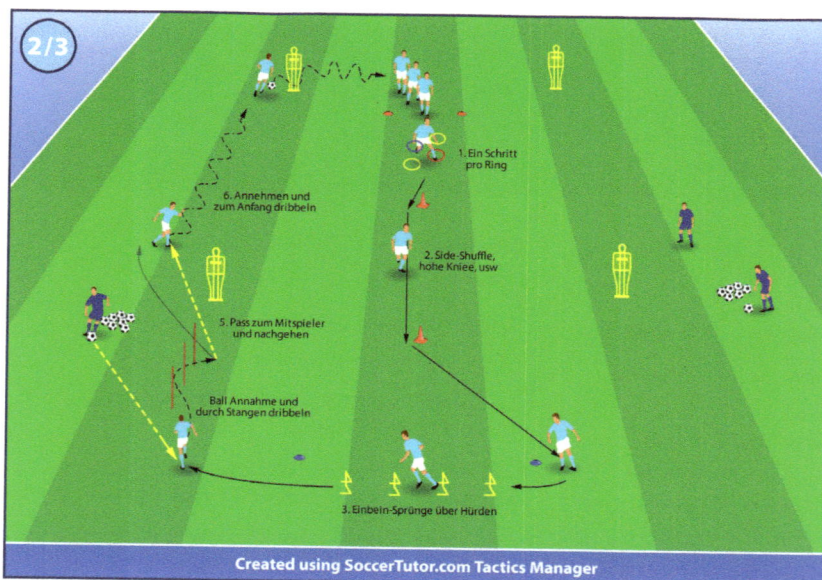

2/3

1. Ein Schritt pro Ring
2. Side-Shuffle, hohe Kniee, usw
3. Einbein-Sprünge über Hürden
5. Pass zum Mitspieler und nachgehen
6. Annehmen und zum Anfang dribbeln

Ball Annahme und durch Stangen dribbeln

Created using SoccerTutor.com Tactics Manager

Spieler bewegen sic him Uhrzeigersinn.

Variation 2/3

1-3. Wie Variation 1/3.

4. Ball-Annahme (Coach spielt Ball) und dribbling durch Stangen.
5. Pass zum Mitspieler und Folgen des Passes.
6. Annahme und dribbling um den Dummy zum Start.

Quelle: Pep Guardiolas Manchester City Trainingseinheit am Etihad Campus Training Ground, Manchester – 16. Oktober 2017

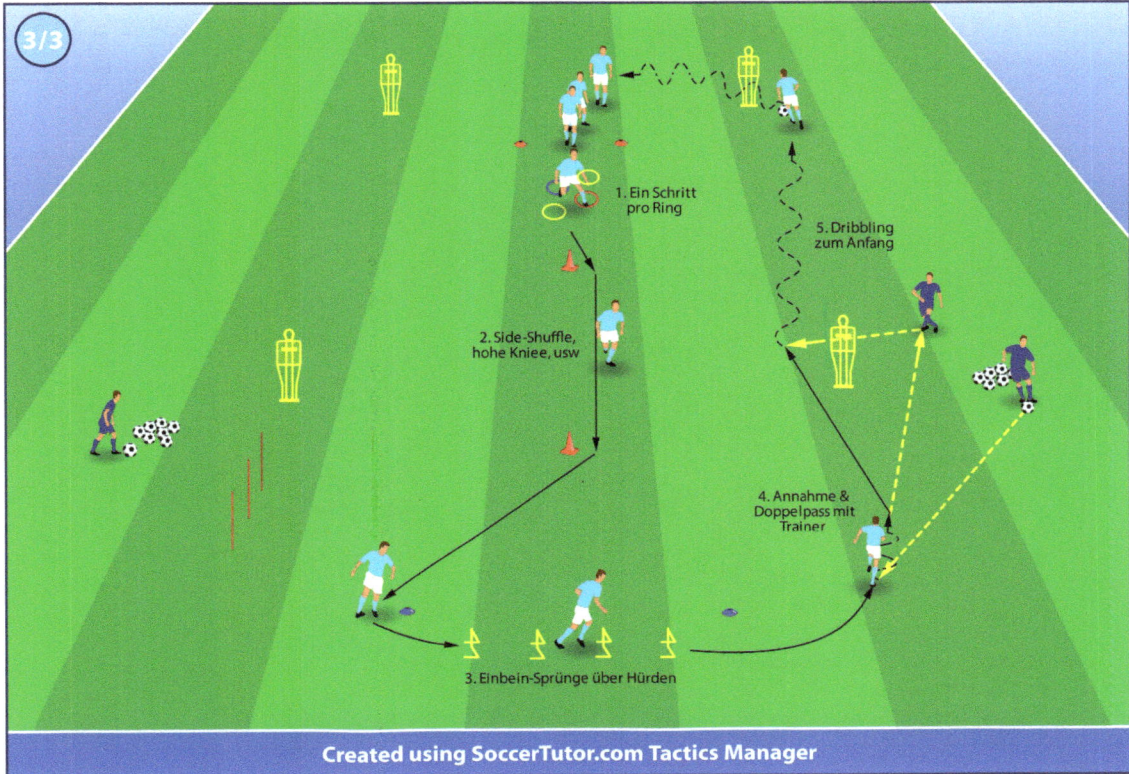

3/3

1. Ein Schritt pro Ring

5. Dribbling zum Anfang

2. Side-Shuffle, hohe Kniee, usw

4. Annahme & Doppelpass mit Trainer

3. Einbein-Sprünge über Hürden

Created using SoccerTutor.com Tactics Manager

Spieler bewegen sich gegen den Uhrzeigersinn.

Variation 3/3

1. Spieler machen 1 Schritt in jeden Speedring.

2. Spieler bewegen sich entweder im Side-Shuffel oder Knie-Hub

3. Hopser über 4 Mini-Hürden.

4. Ball-Annahme vom ersten Coach und dann Doppelpass mit dem zweiten Coach, und bekommt den Ball hinter dem Dummy.

5. Dribbling um den Dummy und zurück zum Start.

Quelle: Pep Guardiolas Manchester City Trainingseinheit am Etihad Campus Training Ground, Manchester – 16. Oktober 2017

3. Schnelligkeit und Beweglichkeit Warm-up Zirkel + 5v2 Rondos

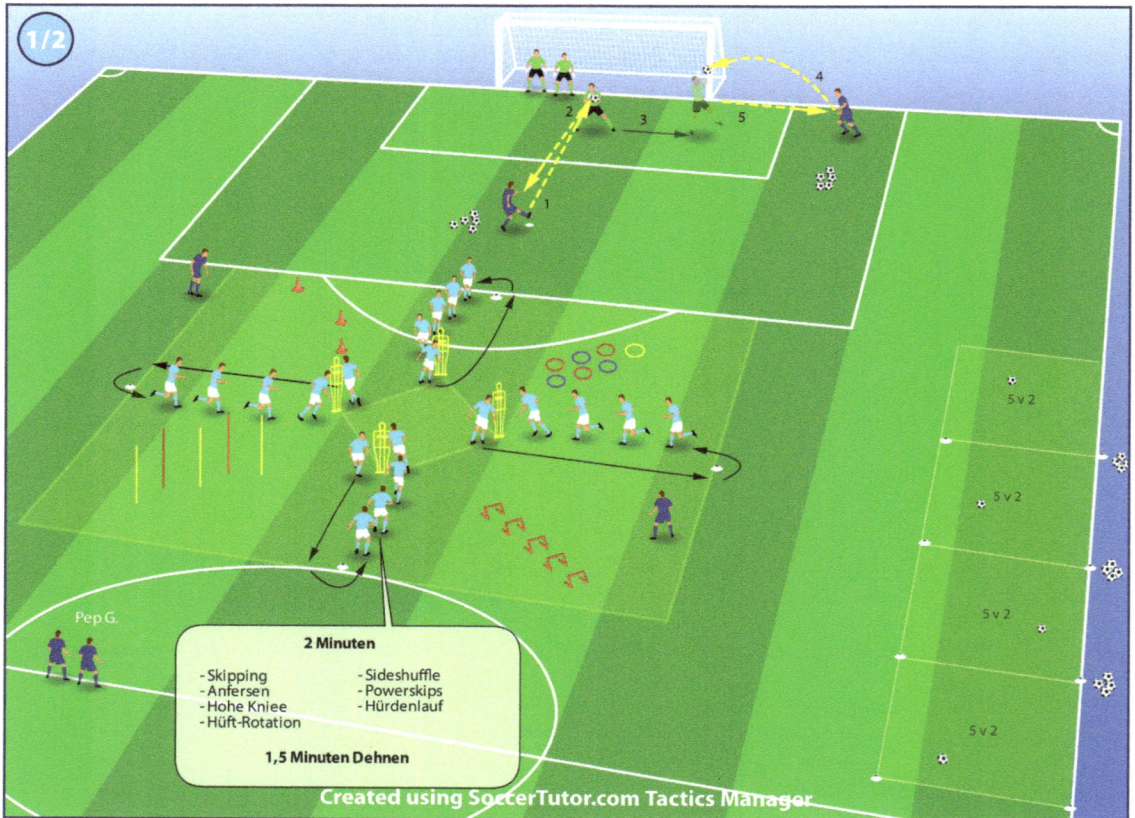

2 Minuten

- Skipping
- Anfersen
- Hohe Kniee
- Hüft-Rotation

- Sideshuffle
- Powerskips
- Hürdenlauf

1,5 Minuten Dehnen

Created using SoccerTutor.com Tactics Manager

Die Torhüter trainieren separate und fangen Bälle und Schüsse des Trainers.

Beschreibung 1/2

Die Spieler sind in 3 Gruppen von je 5 und bewegen sich um Dummy und Hütchen und absolvieren die folgenden Übungen für 2min:

- Skips.
- Anfersen.
- Knie Hub.

- Brazilian Steps.
- Side Shuffle.
- Jockeying Steps.
- Cariocas.

Gefolgt wird das Ganze von 1.5 Minuten Stretching.

Quelle: Pep Guardiolas Manchester City Trainingseinheit am Etihad Campus Training Ground, Manchester – 12. Februar 2018

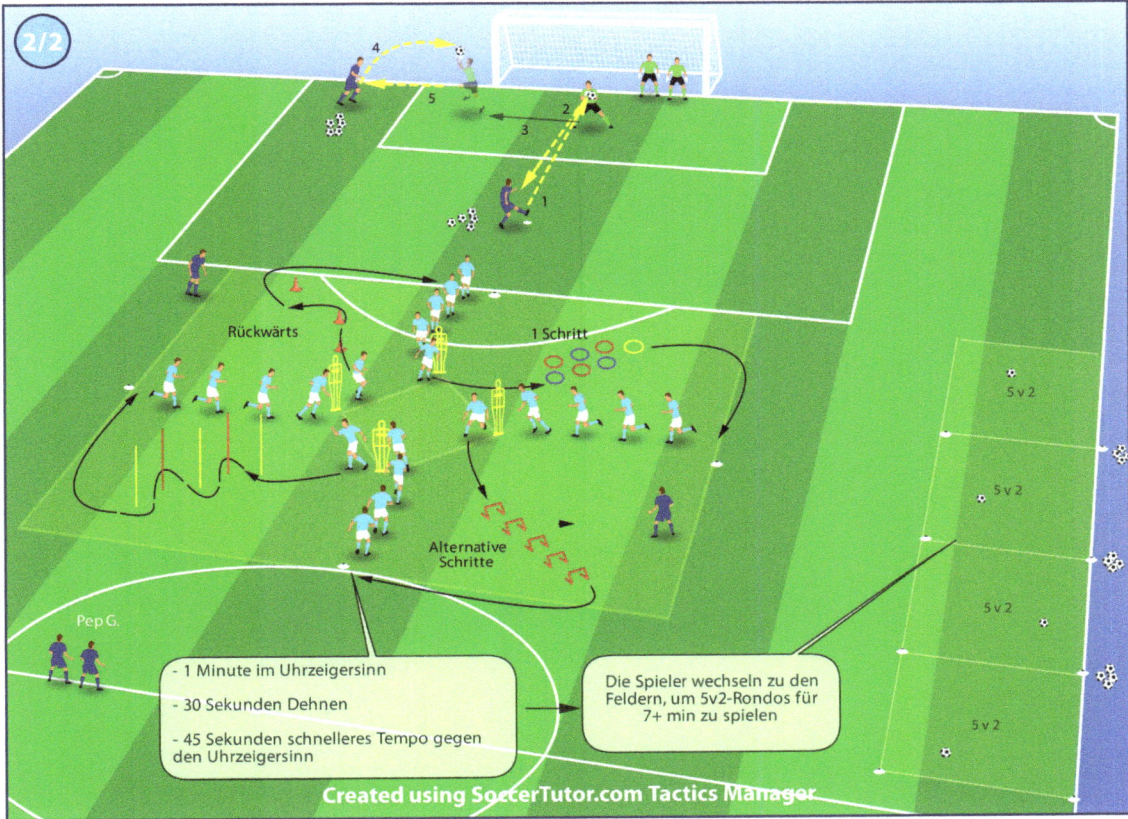

Created using SoccerTutor.com Tactics Manager

Labels within diagram:
- 2/2
- Rückwärts
- 1 Schritt
- Alternative Schritte
- Pep G.
- 5 v 2 (multiple)
- 1 Minute im Uhrzeigersinn
- 30 Sekunden Dehnen
- 45 Sekunden schnelleres Tempo gegen den Uhrzeigersinn
- Die Spieler wechseln zu den Feldern, um 5v2-Rondos für 7+ min zu spielen

Die Spieler starten an den Hütchen in 5er Gruppen und rotieren im Uhrzeigersinn.

Beschreibung 2/2

1. Lauf um den Dummy.

2. Seitwärts über die Stangen.

3. Lauf um den Dummy.

4. Rückwärts zwischen den Hütchen.

5. Lauf um den Dummy.

6. Schnelle Füße durch die Speedrings (rechts dann links).

7. Lauf um den Dummy

8. In Wechselschritten steps über Mini-Hürden (rechts dann links).

- Gefolgt von 30 Sekunden Stretching.

- Die Spieler wiederholen den Zirkel gegen den Uhrzeigersinn und mit mehr Geschwindigkeit.

- Zum Schluss des Warm-Ups, werden 5v2 Rondos für 7+ Minuten gespielt.

Quelle: Pep Guardiolas Manchester City Trainingseinheit am Etihad Campus Training Ground, Manchester – 12. Februar 2018

Manchester City Pre-Match Warm-up

**Direkt aus
Manchester Citys
Pre-Match Warm-up**

Manchester City Pre-Match Warm-up

Teil 1/5. Allgemeine, Individuelle Übungen

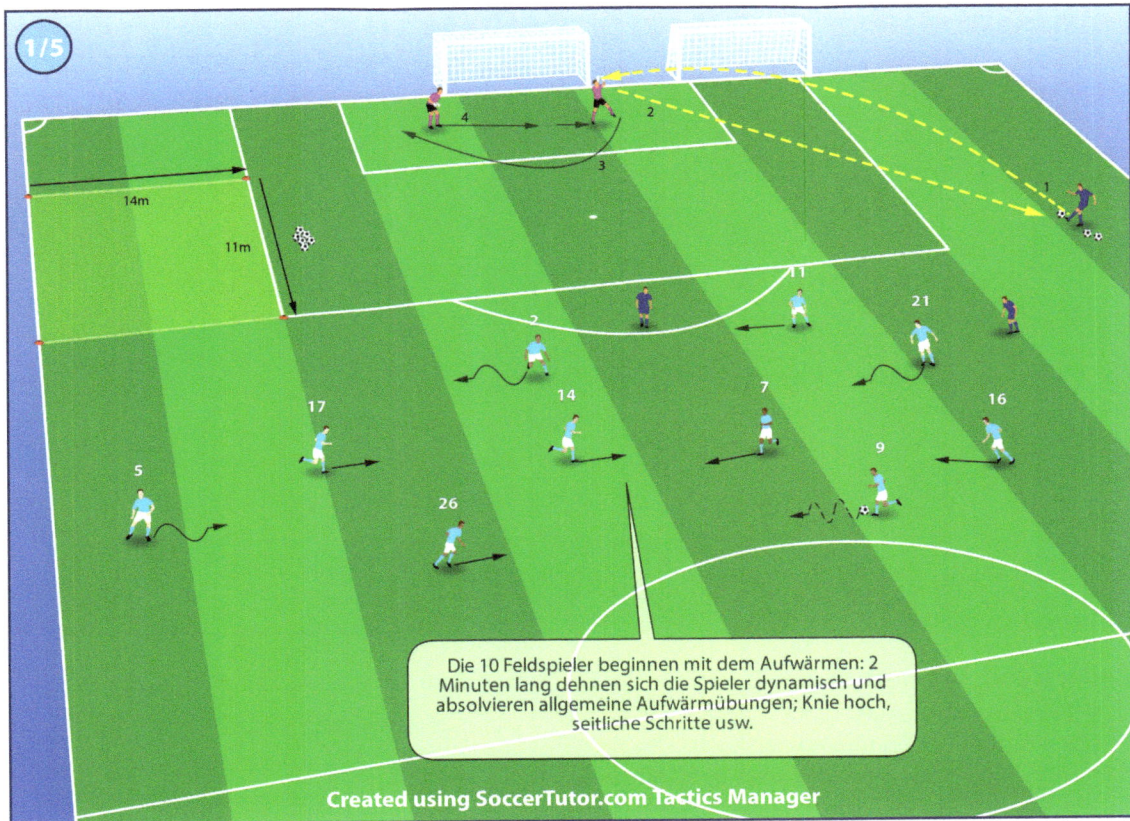

1/5

14m

11m

> Die 10 Feldspieler beginnen mit dem Aufwärmen: 2 Minuten lang dehnen sich die Spieler dynamisch und absolvieren allgemeine Aufwärmübungen; Knie hoch, seitliche Schritte usw.

Created using SoccerTutor.com Tactics Manager

Die Spieler laufen auf das Feld und haben 2min für sich, bevor das gemeinsame Warm-up beginnt.

Feldspieler

- Die 10 Feldspieler verteilen sich auf dem Feld fürs Warm-up.

- Die Spieler absolvieren allgemeine, individuelle Übungen für zwei Minuten.

Torhüter

- Die Torhüter arbeiten mit dem Torwarttrainer und fangen im Wechsel Flanken und halten Schüsse wie aufgezeigt.

Quelle: Aufwärmphase von Manchester City in der Premier League gegen West Ham im London Stadium – 10. August 2019

Teil 2/5. Dynamische Bewegungen und Dehnübungen

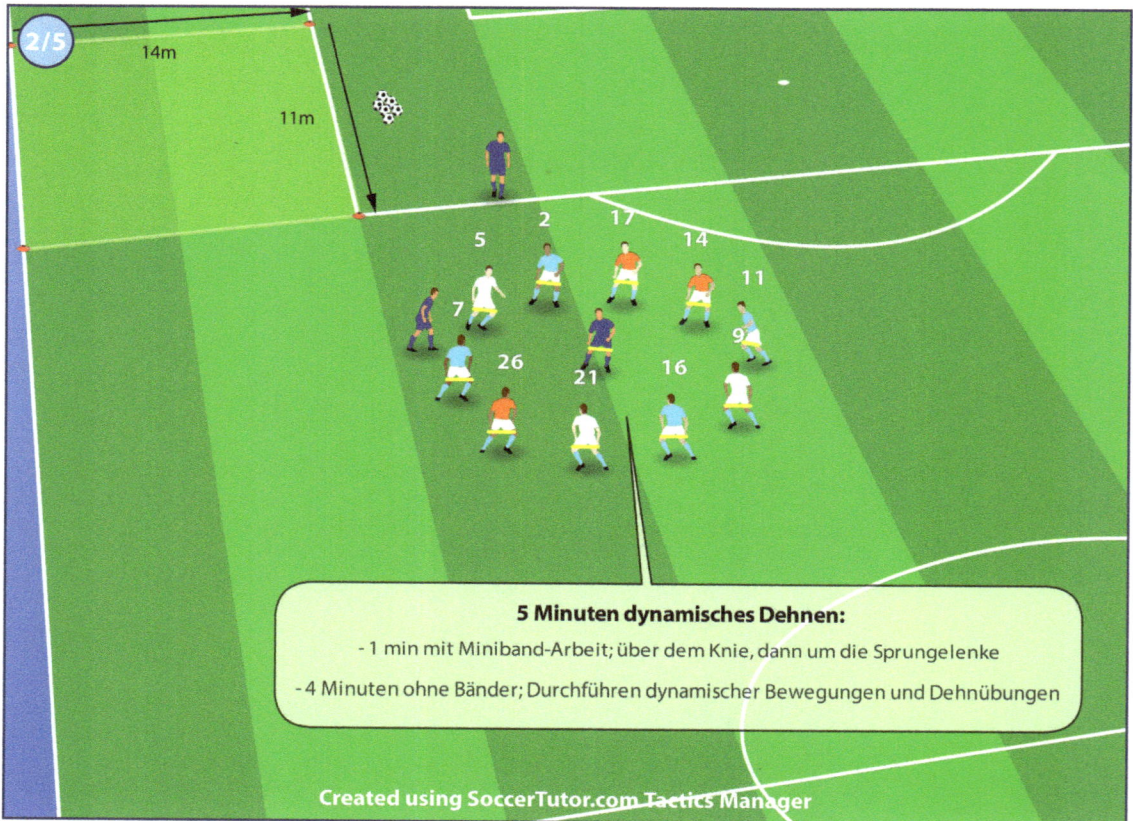

5 Minuten dynamisches Dehnen:

- 1 min mit Miniband-Arbeit; über dem Knie, dann um die Sprungelenke

- 4 Minuten ohne Bänder; Durchführen dynamischer Bewegungen und Dehnübungen

Created using SoccerTutor.com Tactics Manager

Widerstandsbändern (1 min)

1. **Mit Widerstandsbändern über Knie:** 10 Oberkörper-Drehungen mit gebeugten Knien; 5 Kniebeuge; 12 Diagonale Schritte (6/Seite); halbe Drehung und rückwärts Schritte mit gebeugten Knien (3/Seite).

2. **Mit Widerstandsbändern über Sprunggelenke:** Seitliche Schritte und zurück + Rückwärts und zurück (3-4/Seite); 2 Side-steps und Hop (2/Seite).

Ohne Widerstandsbänder (4 min)

1. Kicks (Links und rechts), Hüft-Rotation, Twists und Hops + Dehnen.

2. Linearer Knie-Hub, Seitliche Kicks (links und rechts), Hohe Knie zur Seite.

3. Skip aus dem Kreis, Knie Hub zurück.

4. Skip aus dem Kreis, hohe Füße zurück.

5. Stretching (Quads/Adduktoren) + Hüft Drehungen und Rotationen.

6. Side-steps aus dem Kreis und zurück 2x.

7. Bewegungen + Stretching (Quads/Adduktoren).

8. Brazilian Steps aus dem Kreis und zurück.

9. Seitliche Hüft-Rotation aus dem Kreis.

11. Mobility Übungen + Dehnen.

12. Hops + Stabilität aus und in den Kreis.

Quelle: Aufwärmphase von Manchester City in der Premier League gegen West Ham im London Stadium – 10. August 2019

Teil 3/5. 4 v 4 (+3) Rondo

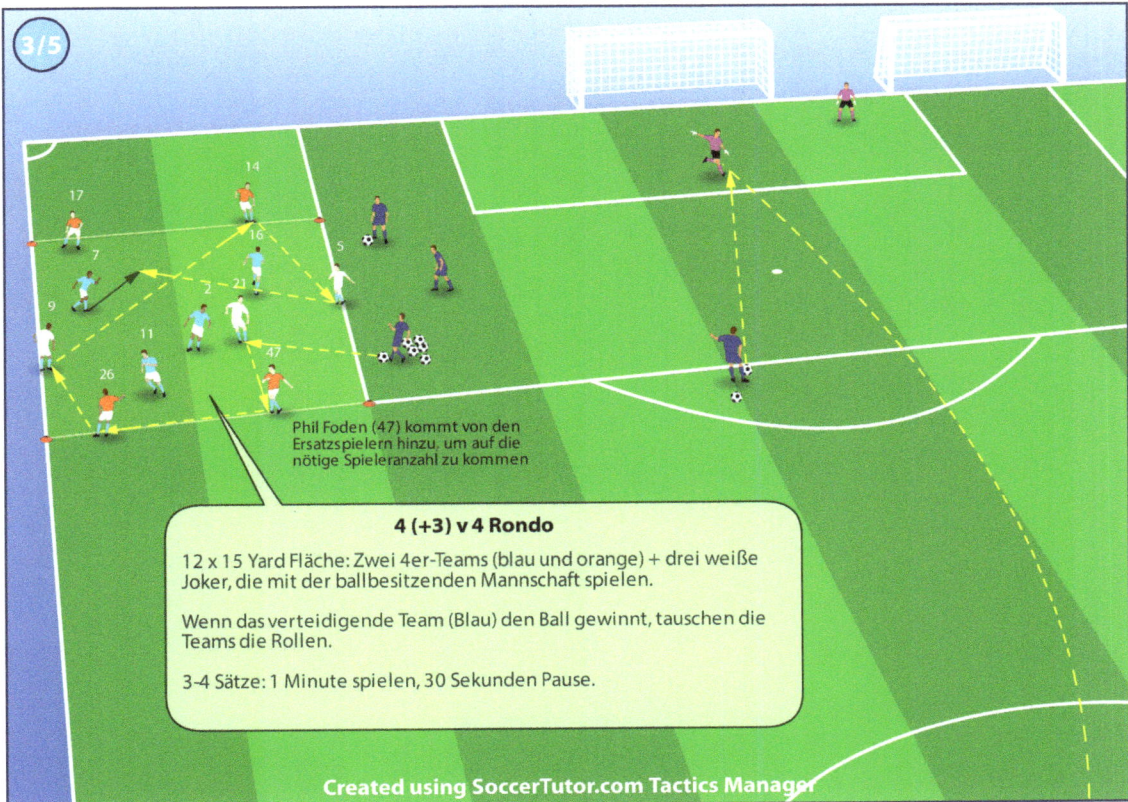

3/5

Phil Foden (47) kommt von den Ersatzspielern hinzu, um auf die nötige Spieleranzahl zu kommen

4 (+3) v 4 Rondo

12 x 15 Yard Fläche: Zwei 4er-Teams (blau und orange) + drei weiße Joker, die mit der ballbesitzenden Mannschaft spielen.

Wenn das verteidigende Team (Blau) den Ball gewinnt, tauschen die Teams die Rollen.

3-4 Sätze: 1 Minute spielen, 30 Sekunden Pause.

Created using SoccerTutor.com Tactics Manager

Um diesen Teil des Manchester City's Pre-Match Warm-up "4 v 4 (+3) Rondo" zu sehen, scanne bitte den QR Code mit deinem Handy.

3-4 Sätze: 1 Minute Spiel, 30 Sekunden Pause.

Beschreibung

- In einem 12 x 15 Yard Feld, sind 2 4er Teams (blau und orange) + 3 weiße Neutrale.

- Alle 4 orangenen Spieler positionieren sich an den langen Seiten (2/Seite) und alle blauen Spieler spielen im Feld. Es gibt je 1 weißen Neutralen pro Seite und 1 im Feld.

- Das orangene Team nutzt die Überzahl aus (7v4), um im Ballbesitz zu bleiben. Das blaue Team versucht den Ball zu erobern. Wenn das gelingt, tauschen die Teams die Rollen.

- Die Orangen bewegen sich nach innen und versuchen, den Ball sofort zurückzugewinnen. Die Blauen bewegen sich auf die Außenseite und versuchen, mit Hilfe der 3 Neutralen den Ball zu behalten.

Quelle: Aufwärmphase von Manchester City in der Premier League gegen West Ham im London Stadium – 10. August 2019

Teil 4/5. Passen, Köpfen und Schießen

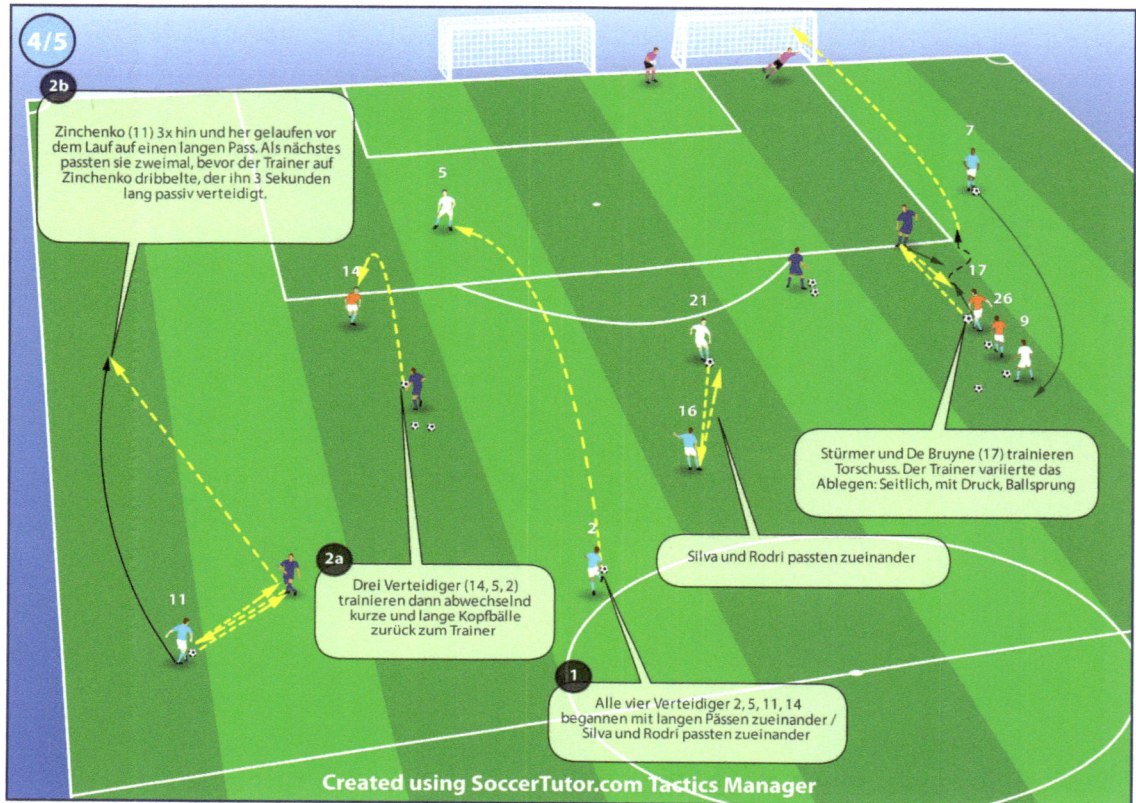

4/5

2b
Zinchenko (11) 3x hin und her gelaufen vor dem Lauf auf einen langen Pass. Als nächstes passten sie zweimal, bevor der Trainer auf Zinchenko dribbelte, der ihn 3 Sekunden lang passiv verteidigt.

Stürmer und De Bruyne (17) trainieren Torschuss. Der Trainer variierte das Ablegen: Seitlich, mit Druck, Ballsprung

Silva und Rodri passten zueinander

2a
Drei Verteidiger (14, 5, 2) trainieren dann abwechselnd kurze und lange Kopfbälle zurück zum Trainer

1
Alle vier Verteidiger 2, 5, 11, 14 begannen mit langen Pässen zueinander / Silva und Rodri passten zueinander

Created using SoccerTutor.com Tactics Manager

Um diesen Teil des Manchester City's Pre-Match Warm-up "Passen, Köpfen & Schießen " zu sehen, scanne bitte den QR Code mit deinem Handy.

SCAN ME

▶ WATCH NOW

Angreifer

- Neben dem Stürmer **Jesus (9)**, dem linken Flügelspieler **Sterling (7)** und dem rechten Flügelspieler **Mahrez (26)** spielt auch der offensive Mittelfeldspieler **De Bruyne (17)**. Sie üben den Abschluss nach den verschiedenen Vorgaben des Trainers: zur Seite, mit Druck, mit aufspringendem Ball.

Mittelfeldspieler

- Offensiver Mittelfeldspieler **Silva (21)** und defensiver Mittelfeldspieler **Rodrigo (16)** passen sich gegenseitig den Ball.

Abwehrspieler

1. Alle 4 Verteidiger starten mit langen Pässen.
2a. **Laporte (14)**, **Stones (5)** und **Walker (2)** üben kurze Kopfbälle zurück zum Trainer.
2b. Der linke Außenverteidiger **Zinchenko (11)** passt dreimal mit dem Trainer hin und her, bevor er einen langen Pass erläuft. Danach spielen sie einen Doppelpass, bevor der Trainer auf **Zinchenko (11)** dribbelt, der 3 Sekunden lang begleitet.

Quelle: Aufwärmphase von Manchester City in der Premier League gegen West Ham im London Stadium – 10. August 2019

Teil 5/5. Sprints in Paaren

Die Spieler führen 4 verschiedene schnelle Bewegungen aus, z. B. hohe Knie, und sprinten dann am Trainer vorbei.

Nach der Letzten Bewegung sprinten die Spieler zur Mittellinie und verlassen das Spielfeld.

Created using SoccerTutor.com Tactics Manager

Um diesen Teil des Manchester City's Pre-Match Warm-up "Sprint in Paaren" zu sehen, scanne bitte den QR Code mit deinem Handy.

Die Spieler bilden Paare und führen 4 verschiedene schnelle Bewegungen aus und sprinten dann am Trainer vorbei.

Beschreibung

1. Knie-Hub + Sprint.

2. Jumping Twists + Sprint.

3. Gegenüberstehen, zum Kopfball hochsteigen + Sprint.

4. Seitlich zueinander stehen, Schritt zurück (nach links), umdrehen + langer Sprint zur Mittellinie.

5. Das Feld verlassen.

Quelle: Aufwärmphase von Manchester City in der Premier League gegen West Ham im London Stadium – 10. August 2019

Schnelligkeits- & Beweglichkeits-Übungen OHNE Ball

Direkt aus Pep Guardiolas Trainingseinheiten

1. Explosive Schnellkraftübungen mit Hürden und Widerstandsbändern

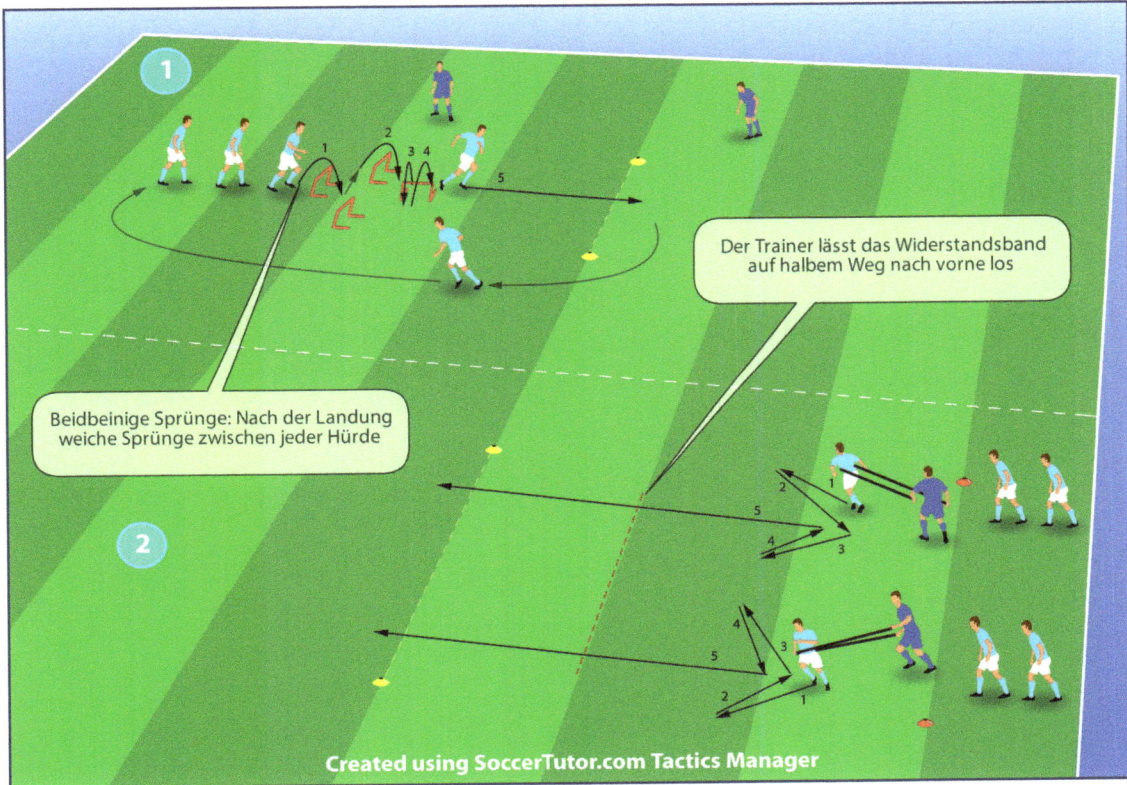

Der Trainer lässt das Widerstandsband auf halbem Weg nach vorne los

Beidbeinige Sprünge: Nach der Landung weiche Sprünge zwischen jeder Hürde

Created using SoccerTutor.com Tactics Manager

Gruppe 1

1. Springt mit 2 Füßen vorwärts über die erste Hürde und bewegt sich nach links (oder rechts). Nach der Landung machen die Spieler weiche Sprünge zwischen den einzelnen Hürden.

2. Sprint mit 2 Füßen vorwärts über die zweite Hürde.

3. Springt seitwärts über die Hürde.

4. Springt seitwärts über die Hürde zurück.

5. Vorwärtssprint.

Gruppe 2

1. Sprintet nach links (oder rechts), während der Trainer ein Widerstandsband um die Hüfte hält.

2. Kehrt zur Startposition zurück.

3. Wiederholt Schritt 1 zur anderen Seite (rechts oder links).

4. Kehrt zur Startposition zurück.

5. Spieler sprinten zum Hütchen und der Trainer lässt das Widerstandsband nach der Hälfte des Sprints los.

Quelle: Pep Guardiolas Manchester City Trainingseinheit am Etihad Campus Training Ground, Manchester

2. Schnelligkeit und Koordination mit Sprints

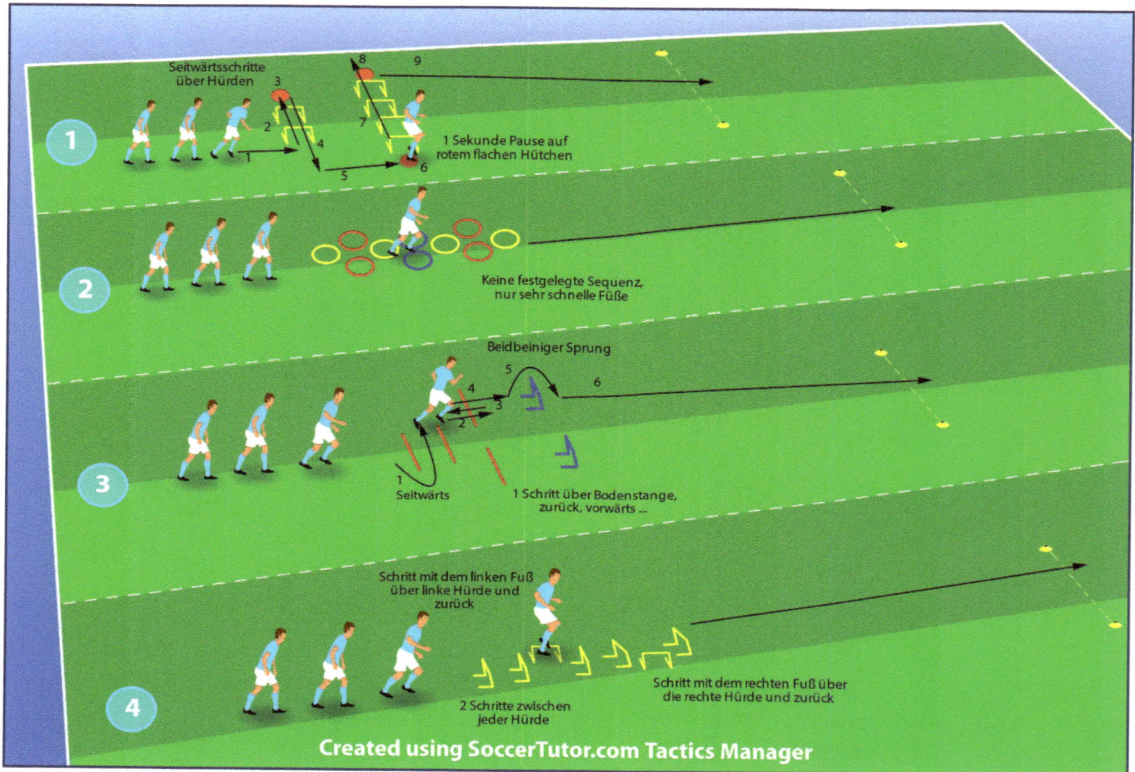

Created using SoccerTutor.com Tactics Manager

Gruppe 1

- Seitliche Schritte über die Mini Hürden aus und hält an jeder flachen Markierung 1 Sekunde lang inne.
- Sprint durch die Hütchen Tore.

Gruppe 2

- Schnelle Füße durch die Speedrings (keine feste Sequenz).
- Sprint durch die Hütchen Tore.

Gruppe 3

- Seitwärts durch die 2 Bodenstangen und Bewegung nach rechts oder links.
- Schritt über die nächste Bodenstange, dann rückwärts, dann wieder vorwärts.
- Beidbeiniger Sprung über die Hürde und Sprint durch das Hütchen Tor.

Gruppe 4

- 2 Schritte zwischen jeder Hürde.
- Für die linke Hürde mache einen Schritt nach links und zurück.
- Für die linke Hürde mache einen Schritt nach links und zurück.
- Sprint durch das Hütchen Tor.

Quelle: Pep Guardiolas Manchester City Trainingseinheit am Etihad Campus Training Ground, Manchester

3. Schnelligkeit und Koordination mit Sprints in verschiedenen Winkeln

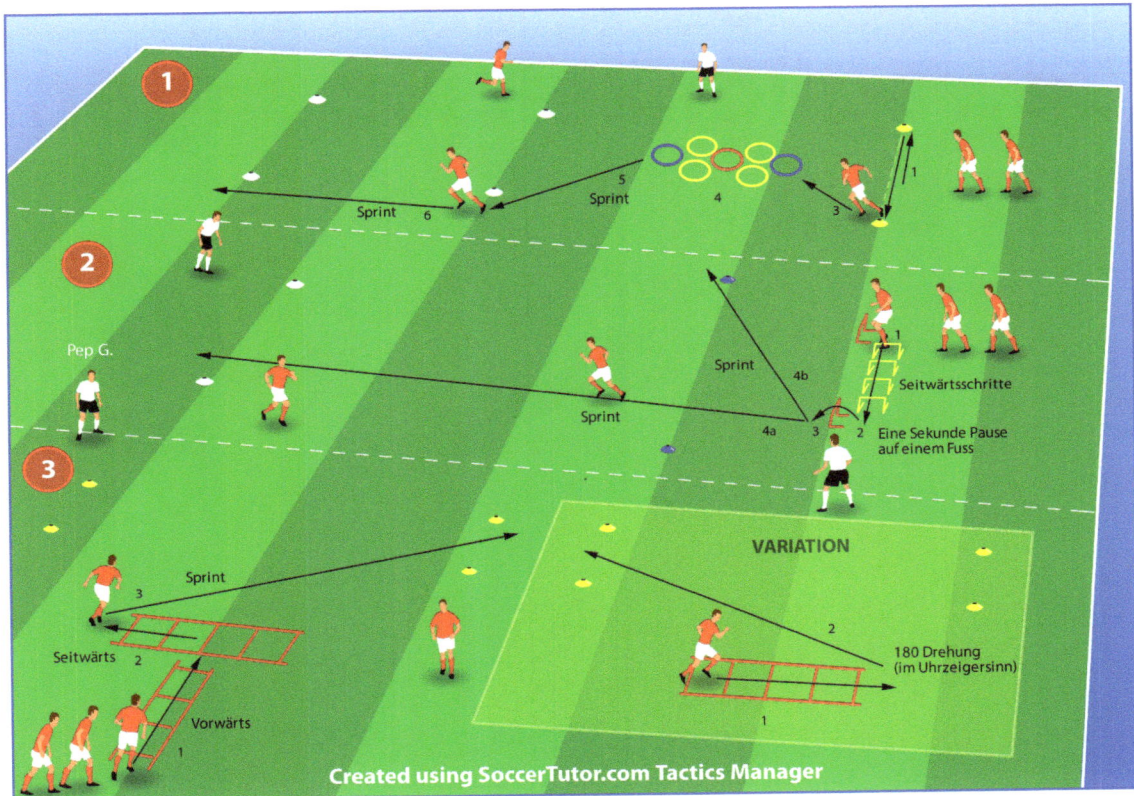

Gruppe 1
- Side-Steps zum rechten Hütchen, dann zum Linken.
- Schnelle Schritte durch die Speedrings.
- Diagonaler Sprint zum 1ten weißen Hütchen.
- Vorwärts Sprint zum 2ten weißen Hütchen.

Gruppe 2
- Side-Steps über die gelben Mini Hürden.
- 1 Schritt vorwärts über die rote Mini Hürde.
- Kurzer diagonaler Sprint zum blauen Hütchen oder langer gerader Sprint durch das weiße Hütchen Tor.

Gruppe 3
- Schritt vorwärts durch die 1. Koordinationsleiter.
- Side-Steps durch die halbe zweite Koordinationsleiter (links oder rechts).
- Diagonaler Sprint durch das andere Hütchen Tor.

Gruppe 3 Variation
- Schritt vorwärts durch die Koordinationsleiter.
- Drehung um 180° im Uhrzeigersinn.
- Diagonaler Sprint durch das andere Hütchen Tor.

Quelle: Pep Guardiolas Bayern München Trainingseinheiten Säbener Strasse Trainingsgelände, München – 9. Januar 2014

Schnelligkeits- & Beweglichkeitsübungen MIT Ball

Direkt aus Pep Guardiolas FC Barcelona Trainingseinheiten

1. Zweifacher Doppelpass und Schuss in Schnelligkeits- & Beweglichkeits-Einheit

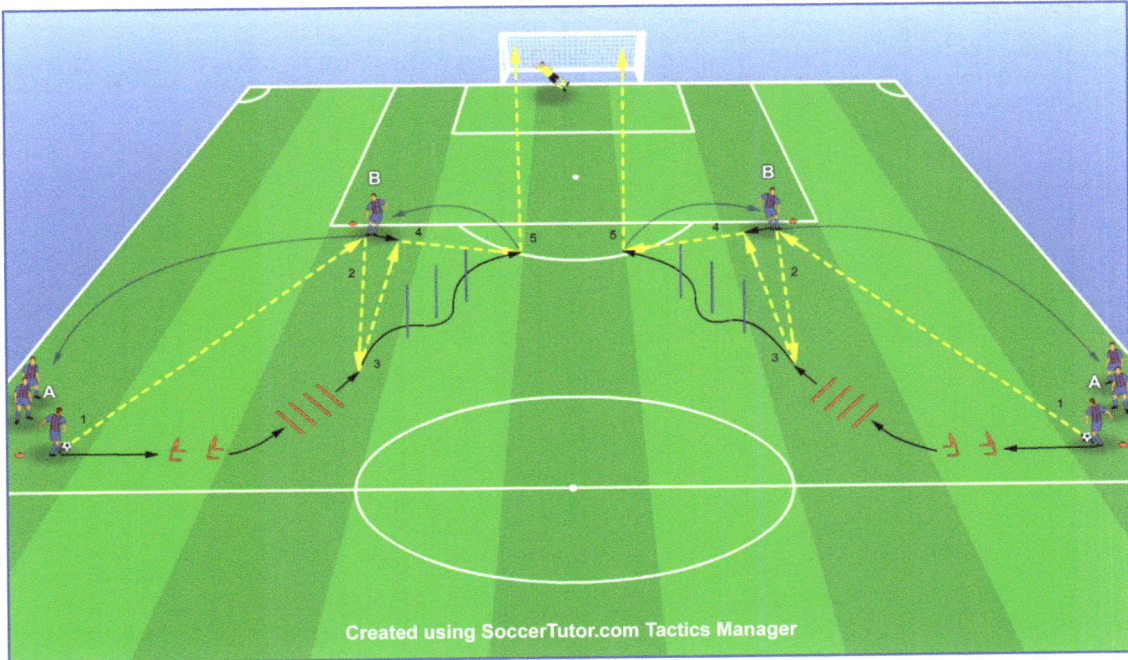

Created using SoccerTutor.com Tactics Manager

Jede Wiederholung braucht 9-10 Sekunden. Spieler führen 2 x 8 Minuten Sätze aus, mit einer Pause von 2 Minuten.

Beschreibung

1. Spieler A spielt einen langen Pass zu Spieler B, springt über 2 Hürden und läuft dann mit großen Schritten durch die roten Bodenstangen.

2. Spieler B passt zu Spieler A am Ende der roten Bodenstangen.

3. Spieler A passt zurück zu B und läuft dann durch die blauen Stangen (Slalom), wie gezeigt.

4. Spieler B spielt einen Pass nach innen, in den Lauf von A.

5. Spieler A schießt von außerhalb des 16ers.

6. Die Spieler wechseln Positionen (A -> B -> A) und der nächste Spieler geht.

Quelle: Pep Guardiolas Trainingseinheiten von Barcelona B (2007-08)

2. Dribbling, Langer Pass, Doppelpass und Schuss mit Schnelligkeit & Beweglichkeit

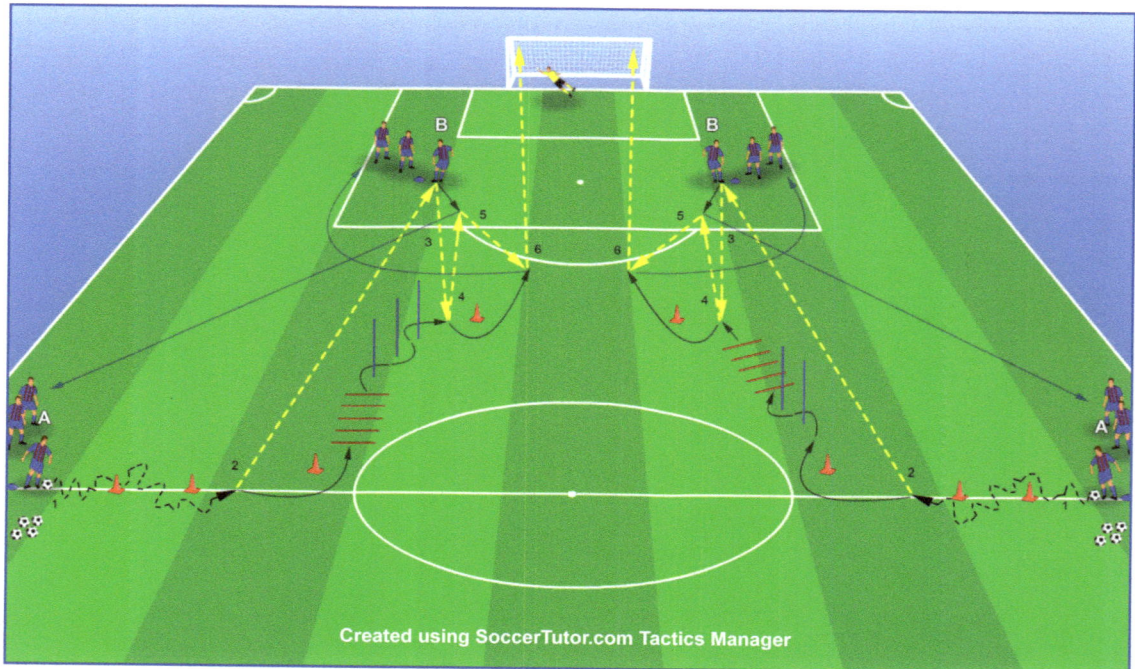

Created using SoccerTutor.com Tactics Manager

Es gibt 3 Wiederholungen auf jeder Seite des Spielfelds (insgesamt 6 Schüsse) pro Satz. Die Spieler führen 2 Sätze durch, mit einer 3-minütigen Pause.

Beschreibung

1. Spieler A dribbelt den Ball durch die Hütchen.

2. Spieler A spielt einen langen Pass zu Spieler B, läuft um das Hütchen herum, läuft mit großen Schritten durch die roten Bodenstangen und dann durch die blauen Stangen (Slalom).

3. Spieler B passt zu Spieler A am Ende der blauen Stangen.

4. Spieler A passt zurück zu B und läuft dann um das Hütchen herum, wie gezeigt. Spieler B spielt zurück auf den mitgelaufenen A.

5. Spieler A schießt von außerhalb des Strafraums.

6. Die Spieler wechseln die Positionen (A -> B -> A) und der nächste Spieler ist dran.

Nach 3 Wiederholungen auf einer Seite wechseln die Spieler von der Position des Spielers B auf die gegenüberliegende Seite.

Quelle: Pep Guardiolas Trainingseinheiten von Barcelona B (2007-08)

3. Schnelle Richtungswechsel, Zweifacher Doppelpass und Schnelligkeit & Beweglichkeit

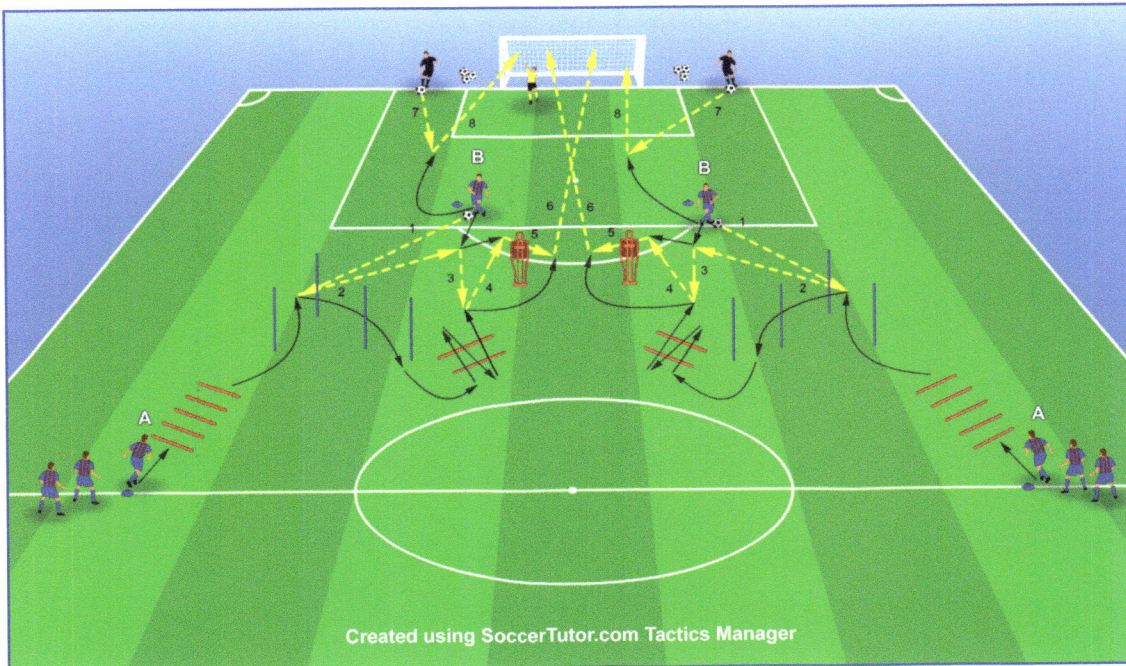

Created using SoccerTutor.com Tactics Manager

Es gibt 3 Wiederholungen auf jeder Seite des Spielfelds (insgesamt 6 Schüsse), pro Satz. Die Spieler führen 2 Sätze durch, mit einer 3-minütigen Pause.

Beschreibung

1. Spieler A läuft mit langen Schritten durch die roten Bodenstangen und zwischen die ersten beiden blauen Stangen, wo Spieler B zu Spieler A passt.

2. Spieler A geht zurück zu B, läuft quer und zurück durch die nächsten 2 blauen Stangen. Spieler A läuft dann vorwärts, zurück und wieder vorwärts durch die roten Bodenstangen.

3. Spieler B passt zu Spieler A.

4. Spieler A spielt einen Doppelpass mit Spieler B.

5. Spieler B spielt einen Rückpass auf A, der um den Dummy läuft.

6. Spieler A schießt von außerhalb des 16ers.

7. Der Trainer spielt Spieler B einen neuen Ball zu.

8. Spieler B bewegt sich nach vorne und versucht, ein Tor zu erzielen.

9. Die Spieler wechseln die Positionen (A -> B -> A) und der nächste Spieler ist dran.

Nach 3 Wiederholungen auf einer Seite wechseln die Spieler von der Position des Spielers B auf die gegenüberliegende Seite.

Quelle: Pep Guardiolas Trainingseinheiten von Barcelona B (2007-08)

4. Dribbling, Pass auf den Flügel, Flanke und Abschluss mit Schnelligkeit & Beweglichkeit

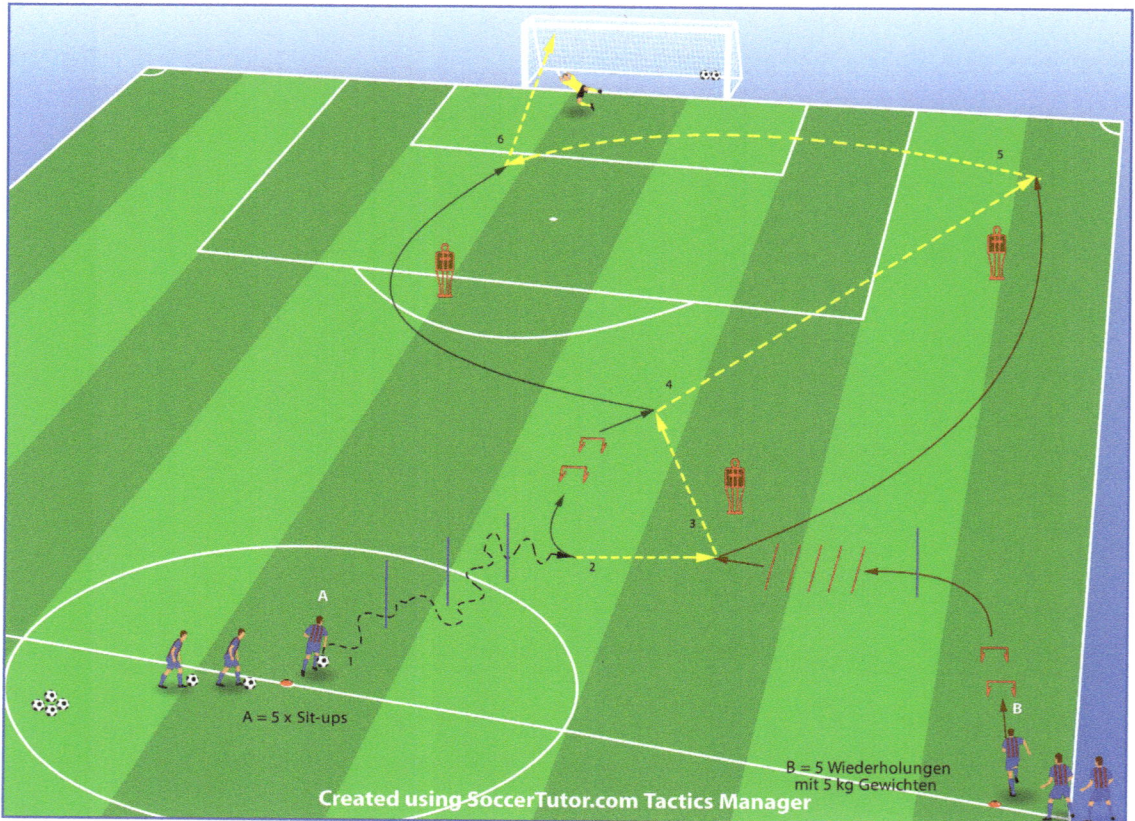

Created using SoccerTutor.com Tactics Manager

Die Spieler absolvieren einen ersten Satz von 4 Runden und einen zweiten Satz von 3 Runden, mit einer 3-minütigen Pause. Für den 2. Satz werden die Entfernungen Zirkel um 20 % reduziert.

Beschreibung

1. Spieler A macht 5 Sit-ups und dribbelt dann durch die Stangen. Spieler B macht 5 Wiederholungen mit 5 kg schweren Gewichten.

2. Spieler A übergibt an Spieler B, der über 2 Hürden gesprungen ist, um die Stangen herumläuft und mit langen Schritten durch die Bodenstangen läuft.

3. Spieler B spielt den Rückpass vor die Hürden, auf die Spieler A nach dem Sprung über beide Hürden läuft.

4. Spieler A spielt einen langen Ball auf Spieler B, der nach einem Lauf um den Dummy am Flügel steil geht.

5. Spieler B spielt eine Flanke in den Strafraum zu Spieler A, der den Dummy umläuft.

6. Spieler A versucht, ein Tor zu erzielen.

Quelle: Pep Guardiolas Trainingseinheiten von Barcelona B (2007-08)

5. Zuspiel, Pass auf den Flügel, Flanke und Abschluss mit Schnelligkeit

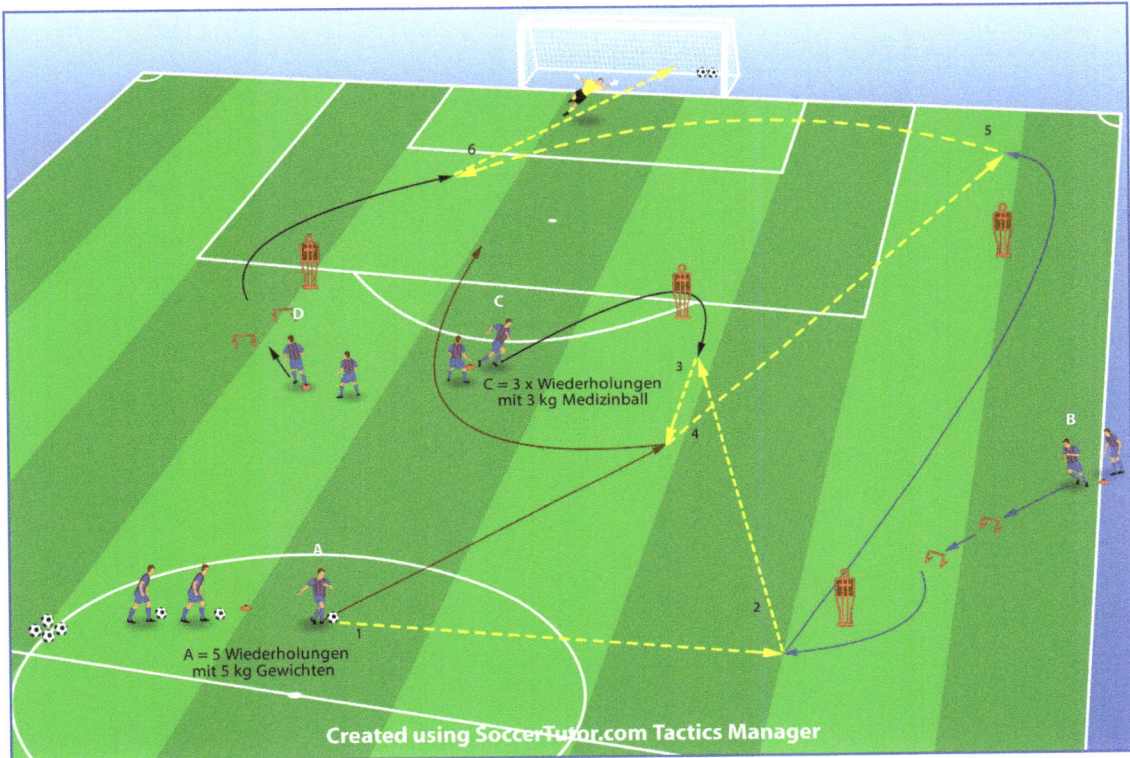

Created using SoccerTutor.com Tactics Manager

Die Spieler führen 2 Sätze mit je 4 Wiederholungen aus, mit einer 3-minütigen Pause.

Beschreibung

1. Spieler A macht 5 Wiederholungen mit 5 kg schweren Gewichten und passt zu B. Spieler B springt über 2 Hürden und läuft um den Dummy, um anzunehmen. Spieler C macht 3 Wiederholungen mit einem 3 kg schweren Medizinball.

2. Spieler B passt nach vorne zu C, der um den Dummy läuft und sich für die Ballannahme zurückfallen lässt.

3. Spieler C spielt einen Pass nach hinten zu A, der nach vorne läuft (Klatchen).

4. Spieler A spielt einen langen Ball auf B, der nach einem Lauf um den Dummy in die Flanke läuft. Spieler C macht einen Bogenlauf in den 16er und D springt über 2 Hürden und macht dann einen Lauf in den 16er.

5. Spieler B läuft in den 16er.

6. Die Spieler C und D versuchen, ein Tor zu erzielen.

7. Die Spieler wechseln die Positionen: A -> B -> C -> D -> A.

Quelle: Pep Guardiolas Trainingseinheiten von Barcelona B (2007-08)

6. Zuspiel, Pass auf den Flügel, Flanke und Abschluss mit Schnelligkeit & Beweglichkeit

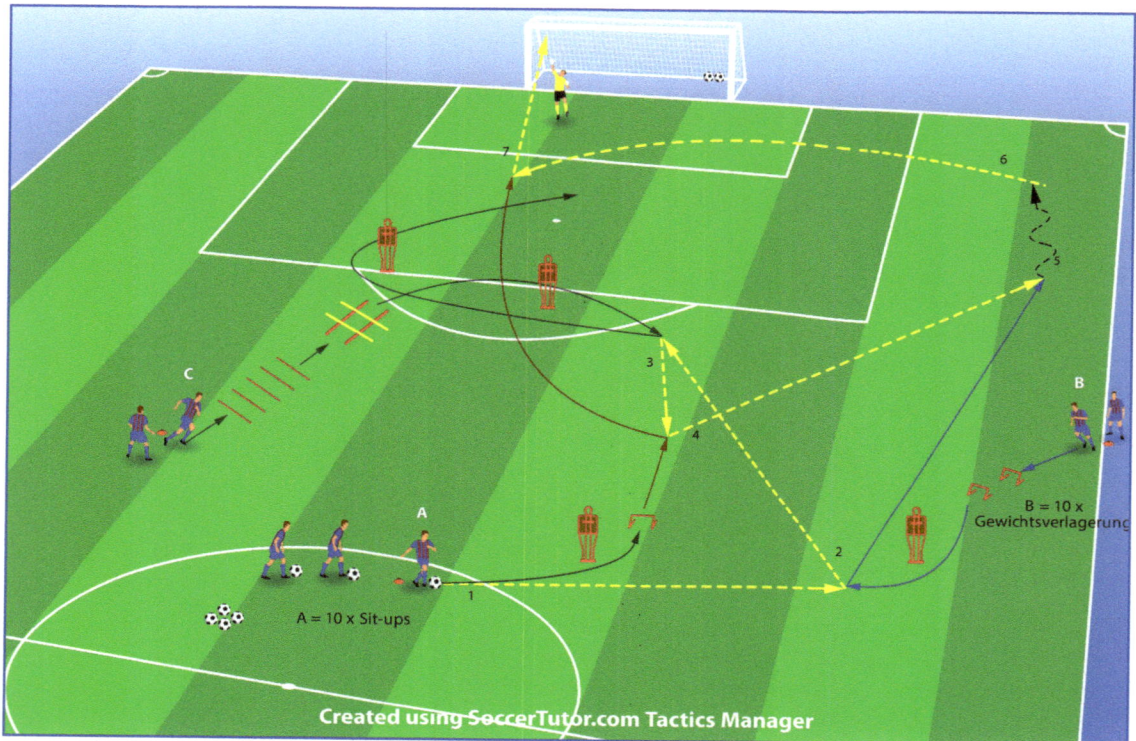

Die Spieler führen 2 Sätze mit je 6 Wiederholungen aus, 3 Minuten Pause.

Beschreibung

1. Spieler A macht 10 Sit-ups, passt zu Spieler B, umläuft den Dummy, springt über die Hürde und läuft weiter.

2. Spieler B macht 10 Wiederholungen mit koordinierten Gewichten, springt über 2 Hürden, läuft umläuft den Dummy und passt zu Spieler C.

3. Spieler C macht Schnelligkeitsübungen über die Bodenstangen, umläuft den Dummy und passt zu A, der klatschen lässt.

4. Spieler A spielt einen langen Ball auf B, am Flügel steil geht. Die Spieler A und C laufen um ihre jeweiligen Dummys in den 16er.

5. Spieler B nimmt den Ball an und dribbelt nach vorne.

6. Spieler B flankt in den 16er.

7. Die Spieler A und C versuchen, ein Tor zu erzielen.

8. Die Spieler wechseln die Positionen: A -> B -> C -> A.

Quelle: Pep Guardiolas Trainingseinheiten von Barcelona B (2007-08)

7. Kombination: Flügelwechsel, Flanke und Abschluss mit Schnelligkeit & Beweglichkeit

Created using SoccerTutor.com Tactics Manager

B = 5 Wiederholungen mit 5 kg Gewichten

Die Spieler absolvieren 2 Sätze mit je 3 Wiederholungen, wobei 1 Satz auf jeder Seite des Spielfelds stattfindet. Für den 2. Satz werden die Entfernungen des Zirkels um 15 % reduziert.

Beschreibung

Spieler B startet mit 5 Wiederholungen mit 5kg Gewichten.

1. Spieler A spielt zum Trainer, bewegt sich nach vorne und springt über beide Hürden.

2. Spieler C führt Schnelligkeitsübungen über die Bodenstangen aus und bewegt sich umläuft den Dummy, um den Pass des Trainers anzunehmen.

3. Spieler A erhält den Klatschball von C.

4. Spieler B ist nach vorne gesprintet und zwischen den Stangen hindurch, um den langen Ball von Spieler A im letzten Drittel zu empfangen.

5. Spieler B nimmt den Ball an und dribbelt nach vorne.

6. Spieler B bringt den Ball in den 16er.

7. Die Spieler A und C laufen beide in den 16er und versuchen, nach der Flanke ein Tor zu erzielen.

8. Die Spieler wechseln die Positionen:
A -> B -> C -> A.

Quelle: Pep Guardiolas Trainingseinheiten von Barcelona B (2007-08)

Technikzirkel

**Direkt aus Pep
Guardiolas
Trainingseinheiten**

"Es reicht nicht aus, nur zu laufen, zu springen, ins Fitnessstudio zu gehen, sich zu dehnen, sich zu erholen. Vielmehr müssen Sie bei jeder Trainingsvorbereitung die Grundlagen des Spielstils im Hinterkopf behalten. Und manchmal die Nuancen, die er dir gibt. Ich nenne sie Peps Übungen."

Lorenzo Buenaventura

Assistant Head Coach und Fitness Coach bei Manchester City – zuvor Bayern München und FC Barcelona

1. Technische Skills und Beweglichkeit in einem Intervall Konditionszirkel

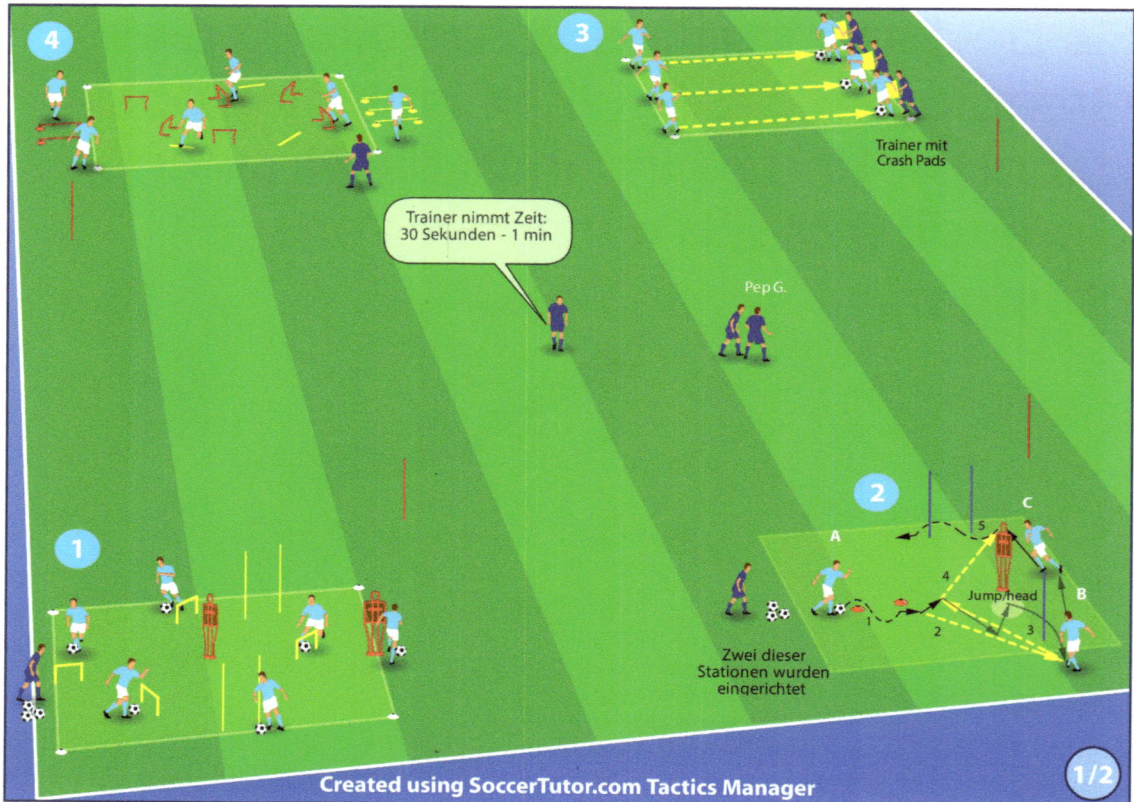

Trainer nimmt Zeit: 30 Sekunden - 1 min

Trainer mit Crash Pads

Pep G.

Zwei dieser Stationen wurden eingerichtet

Jump/head

Created using SoccerTutor.com Tactics Manager

1/2

Station 1

- Dribbling innerhalb des Feldes und Ausweichen von Hindernissen, während Ball durch die Bögen gespielt wird.

Station 2

- Spieler A dribbelt durch die Hütchen und spielt einen Doppelpass mit B und passt dann zu C.
- Spieler A springt/köpft neben dem Dummy, umläuft dann die Stange, um Position B einzunehmen und den nächsten Pass zu anzunehmen.

- Spieler C dribbelt durch die Stangen.
- Die Spieler wechseln die Positionen (A -> B -> C -> A).

Station 3

- Ballannahme und Abschirmen unter Druck des Trainers mit einem Punching Pad von hinten.

Station 4

- Zweibein-Sprünge über Hürden, Hops auf flache Marker und schnelle, abwechselnde Schritte über die Mini Hürden außerhalb.

Quelle: Pep Guardiolas Manchester City Trainingseinheit am Etihad Campus Training Ground, Manchester – 11. Juli 2017

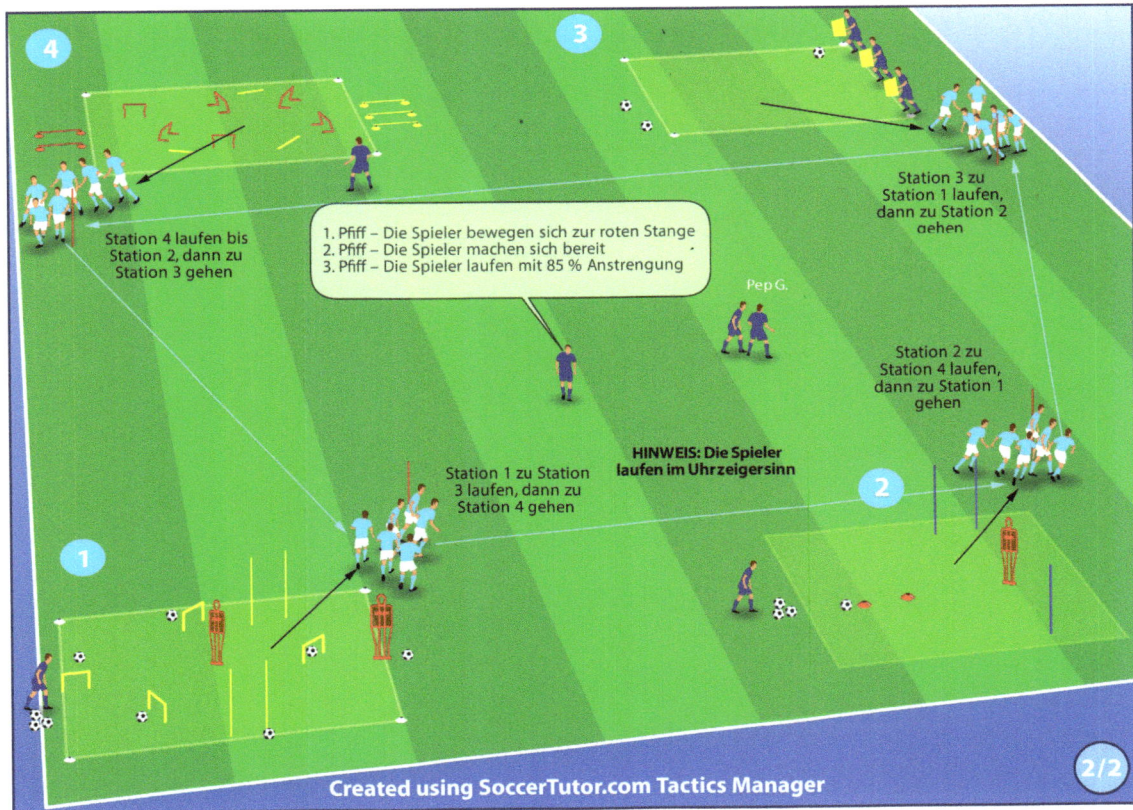

Station 3 zu
Station 1 laufen,
dann zu Station 2
gehen

1. Pfiff – Die Spieler bewegen sich zur roten Stange
2. Pfiff – Die Spieler machen sich bereit
3. Pfiff – Die Spieler laufen mit 85 % Anstrengung

Station 4 laufen bis
Station 2, dann zu
Station 3 gehen

Pep G.

Station 2 zu
Station 4 laufen,
dann zu Station 1
gehen

Station 1 zu Station
3 laufen, dann zu
Station 4 gehen

**HINWEIS: Die Spieler
laufen im Uhrzeigersinn**

Created using SoccerTutor.com Tactics Manager

2/2

Hinweis: Die Spieler laufen während des Aufwärmens sowohl im als auch gegen den Uhrzeigersinn.

Beschreibung 2/2

Die Spieler stoppen an den Stationen und warten auf den Pfiff des Trainers:

Beim 1. Pfiff bewegen sich die Spieler zur roten Stange und machen sich beim 2. Pfiff bereit zum Laufen.

Beim 3. Pfiff laufen die Spieler mit 85 % Höchstgeschwindigkeit:

1. Die Spieler von Station 1 laufen zu Station 3 und gehen dann zu Station 4.

2. Die Spieler der Station 2 laufen zu Station 4 und gehen dann zu Station 1.

3. Die Spieler der Station 3 laufen zu Station 1 und gehen dann zu Station 2.

4. Die Spieler der Station 4 laufen zu Station 2 und gehen dann zu Station 3.

Wenn die Spieler ihre neue Station erreicht haben, arbeiten sie an dieser Station, bis sie den Pfiff des Trainers wieder hören.

Quelle: Pep Guardiolas Manchester City Trainingseinheit am Etihad Campus Training Ground, Manchester – 11. Juli 2017

2. Passen, Dribbling und Abschluss in einem technischen Schnelligkeitszirkel

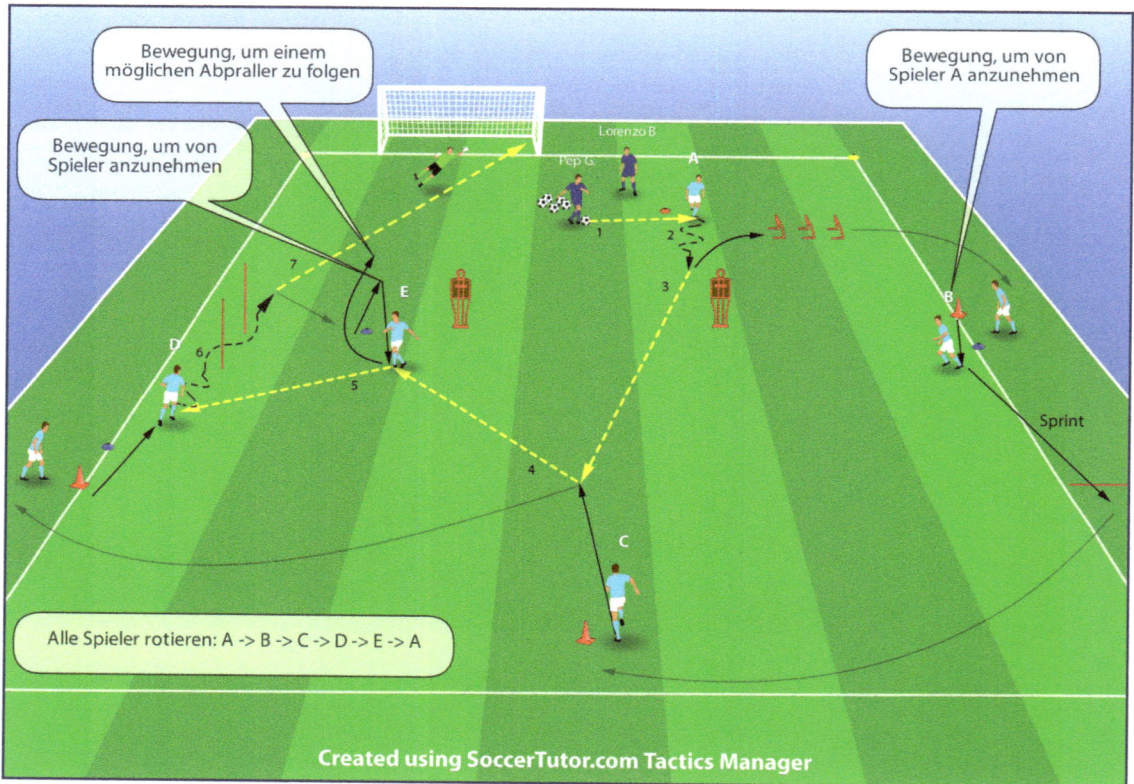

Beschreibung

1. Spieler A erhält vom Trainer (Pep G).

2. Spieler A dribbelt nach vorne. Die Spieler B und E machen Bewegungen, für ein Zuspiel von A.

3. Spieler A passt zu Spieler C und springt dann über die 3 Hürden. Spieler B sprintet und macht einen langen Schritt über die Bodenstange.

4. Spieler C bewegt sich vom Hütchen nach vorne, um den Pass von Spieler A anzunehmen und passt dann zu Spieler E.

5. Spieler E hat sich zurückfallen lassen und passt zu D.

6. Spieler D bewegt sich vom Hütchen nach vorne, um den Pass von Spieler E anzunehmen und durch die Stangen zu dribbeln.

7. Spieler D schießt aufs Tor. Spieler E läuft hinterher und versucht, den Abpraller zu verwerten.

8. Alle Spieler rotieren zur nächsten Position: A -> B -> C -> D -> E -> A.

Quelle: Pep Guardiolas Manchester City Trainingseinheit am Etihad Campus Training Ground, Manchester

3. Passen, Dribbling und Abschluss in einem technischen Schnelligkeitszirkel (Variation)

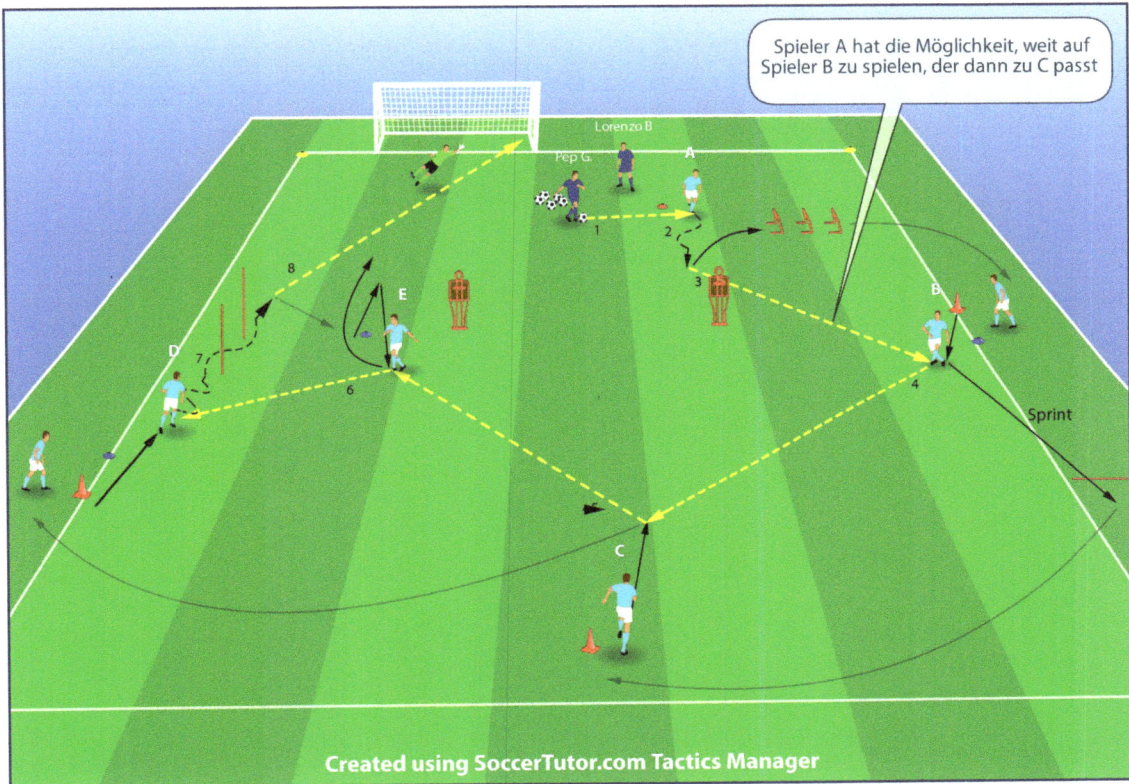

> Spieler A hat die Möglichkeit, weit auf Spieler B zu spielen, der dann zu C passt

Created using SoccerTutor.com Tactics Manager

Beschreibung

- In dieser Variante der vorherigen Übung passt Spieler C zu Spieler B anstelle von Spieler C.

- Spieler B passt dann zu Spieler C, der sich von seinem Hütchen nach vorne bewegt.

- Der Rest des Ablaufs bleibt gleich.

- Alle Spieler drehen sich zur nächsten Position: A -> B -> C -> D -> E -> A.

Quelle: Pep Guardiolas Manchester City Trainingseinheit am Etihad Campus Training Ground, Manchester

4. Pass-Technik und Schnelligkeitsarbeit in einem Konditionszirkel

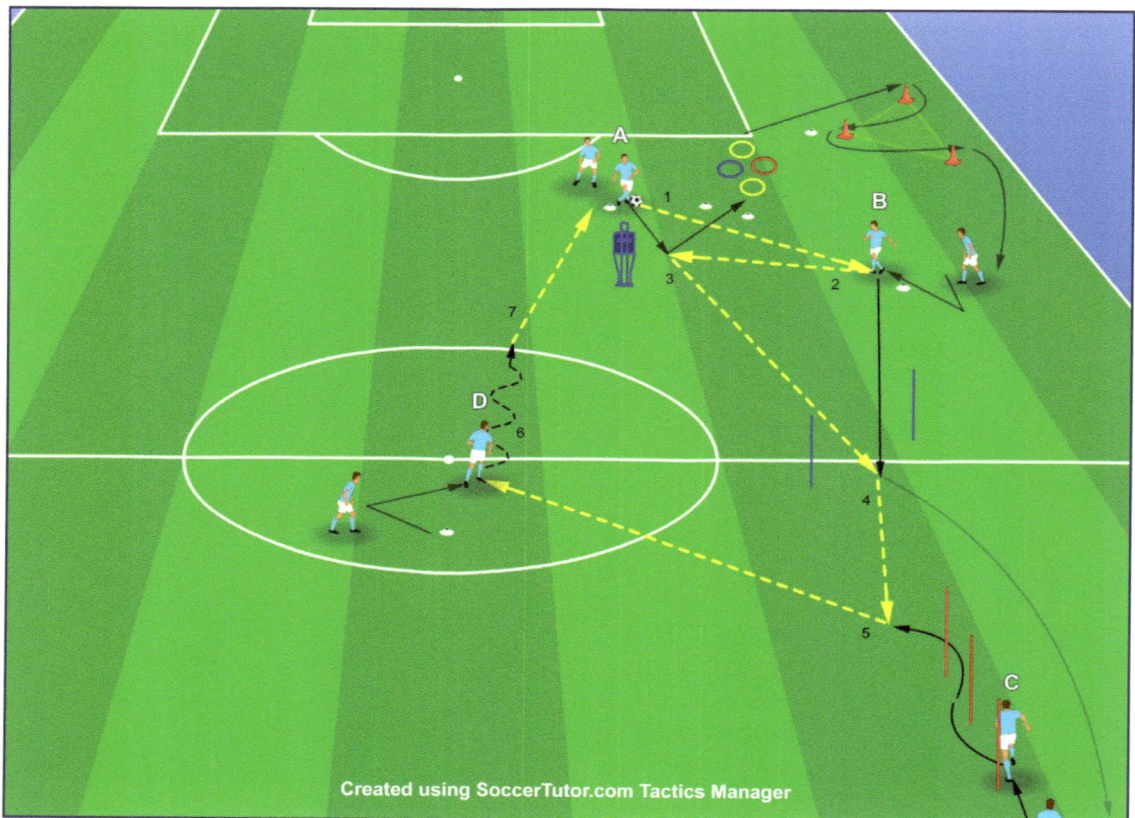

Created using SoccerTutor.com Tactics Manager

Beschreibung

1. Spieler A passt zu Spieler B.

2. Spieler B spielt zurück zu Spieler A (Doppelpass).

3. Spieler A passt den Ball zwischen den Stangen hindurch, so dass Spieler B ihn erlaufen und annehmen kann. Spieler A führt dann Schnelligkeitsübungen durch die Ringe und um die Hütchen herum aus.

4. Spieler B spielt einen Pass zu Spieler C, der zwischen den Stangen hindurchgelaufen ist und sich dann nach vorne bewegt.

5. Spieler C passt zu Spieler D.

6. Spieler D entfernt sich vom Hütchen, bevor er sich zur Annahme bewegt und nach vorne dribbelt.

7. Die Sequenz wird mit dem Pass von Spieler D an den nächsten wartenden Spieler abgeschlossen.

8. Alle Spieler rotieren zur nächsten Position: A -> B -> C -> D -> A.

Quelle: Pep Guardiolas Manchester City Trainingseinheit am Etihad Campus Training Ground, Manchester - Vorbereitung 2016

5. Schnelles Dribbling und Abschluss-Genauigkeit in einem Schnelligkeitszirkel

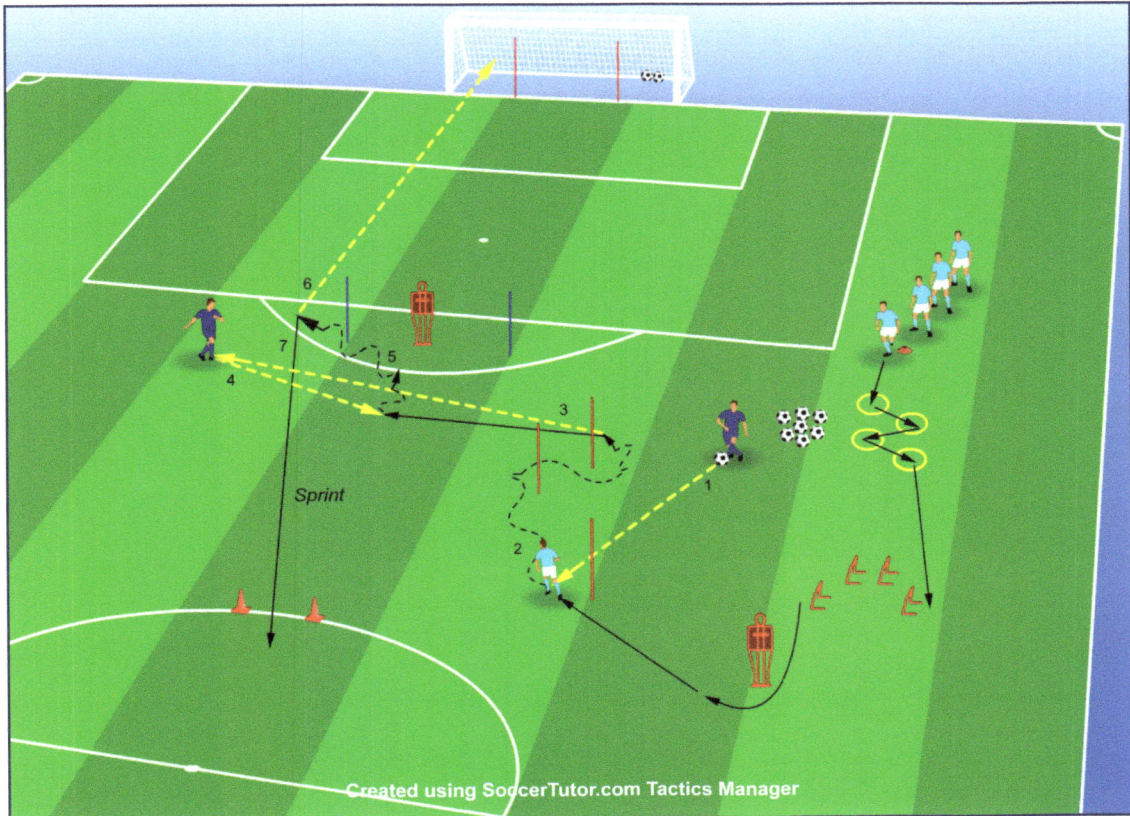

Created using SoccerTutor.com Tactics Manager

Beschreibung

1. Ausführen von Schnelligkeitsübungen durch die Speedrings.

2. Springe über die 4 Hürden.

3. Fallen lassen hinter den Dummy.

4. Lauf nach vorne, um den Pass des Trainers anzunehmen (1).

5. Dribbling um und durch die Stangen, wie gezeigt (2).

6. Pass auf den 2. Trainer (3).

7. Annahme des Rückpasses (4).

8. Finte und Dribbling nach links oder rechts vom Dummy und den Stangen (5), als ob es einen Verteidiger zu überwinden gilt.

9. Schuss in die Ecke des Tores (6) oder verwenden von Mini Toren.

10. Sprint durch das Hütchentor (7).

Quelle: Pep Guardiolas Manchester City Trainingseinheit am Etihad Campus Training Ground, Manchester - Vorbereitung 2016

6. Pressing und 3er-Verteidigung + Schnelligkeits-& Beweglichkeitsarbeit

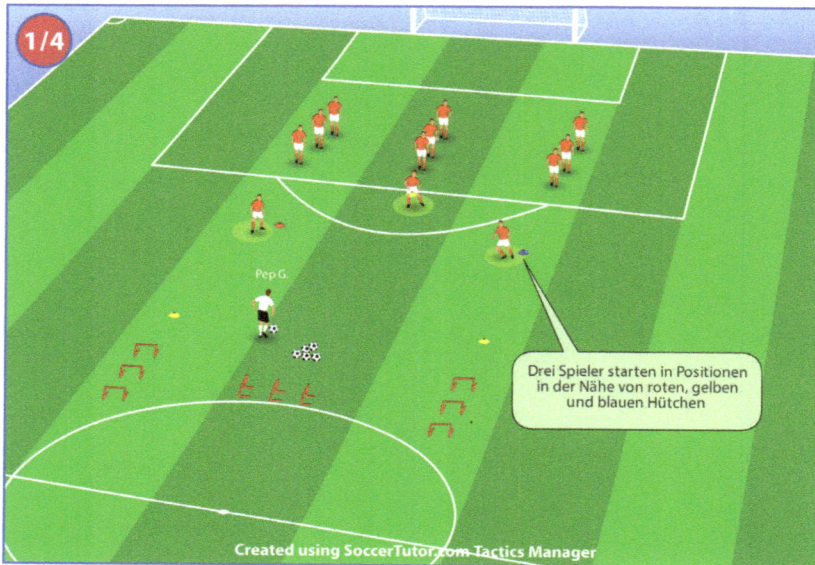

1/4

Drei Spieler starten in Positionen in der Nähe von roten, gelben und blauen Hütchen

Created using SoccerTutor.com Tactics Manager

Die Spieler arbeiten in 3er-Gruppen.

Der Trainer (Pep G) hat einen Ball in der Mitte und 3 Spieler warten an den roten, gelben und blauen Hütchen.

Es sind auch Hürden aufgestellt, wie abgebildet.

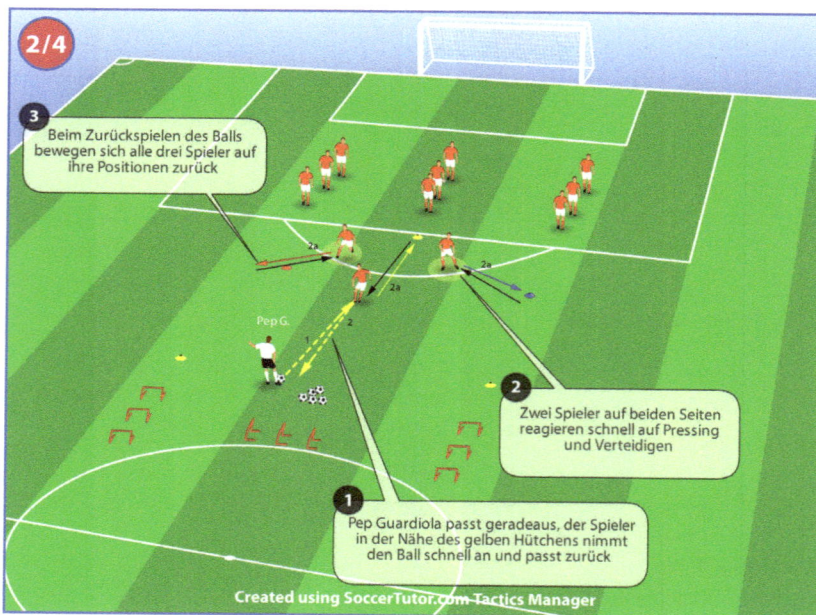

2/4

3 Beim Zurückspielen des Balls bewegen sich alle drei Spieler auf ihre Positionen zurück

2 Zwei Spieler auf beiden Seiten reagieren schnell auf Pressing und Verteidigen

1 Pep Guardiola passt geradeaus, der Spieler in der Nähe des gelben Hütchens nimmt den Ball schnell an und passt zurück

Created using SoccerTutor.com Tactics Manager

1. Der Trainer (Pep G) spielt einen geraden Pass, und der Spieler am gelben Hütchen bewegt sich schnell nach vorne und spielt den Pass mit einer Berührung zurück.

2. Sobald Pep G den Ball passt, bewegen sich die beiden Spieler an den roten und blauen Hütchen nach innen, um zu pressen und zu sichern.

3. Sobald der Ball zurückgespielt wurde, bewegen sich alle 3 Spieler zurück auf ihre Ausgangspositionen.

Quelle: Pep Guardiolas Bayern München Trainingseinheit am Trainingsgelände, Säbener Strasse - 27. Juni 2013

1. Der Trainer (Pep G) passt nach links und der Spieler am roten Hütchen bewegt sich schnell nach vorne und gibt den Pass mit einer Berührung zurück.

2. Sobald Pep G den Ball abgibt, bewegen sich die beiden Spieler am gelben und blauen Hütchen, um zu pressen und zu sichern.

3. Sobald der Ball zurückgespielt wurde, bewegen sich alle 3 Spieler zurück auf ihre Ausgangspositionen.

Pep Guardiola passt nach links und die Verteidiger reagieren schnell, bevor sie wieder auf ihre Ausgangspositionen zurückkehren

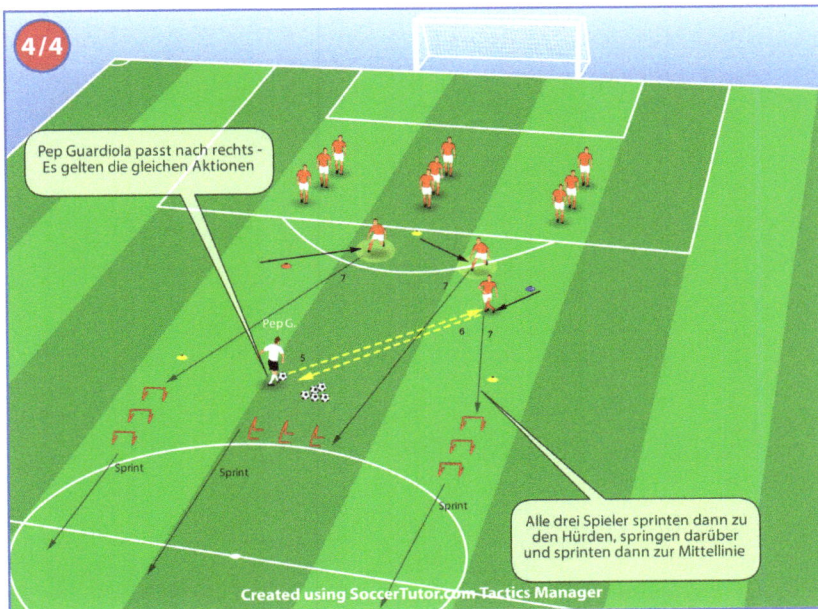

Pep Guardiola passt nach rechts - Es gelten die gleichen Aktionen

1. Der Trainer (Pep G) passt nach rechts und der Spieler am blauen Hütchen bewegt sich schnell nach vorne und passt mit einer Berührung zurück.

2. Sobald Pep G den Ball spielt, bewegen sich die 2 Spieler an den gelben und roten Hütchen nach vorne, um zu pressen und zu sichern.

3. Sobald der Ball zurückgespielt wurde, sprinten alle 3 Spieler zu den Hürden, springen über diese und sprinten dann zur Mittellinie.

Alle drei Spieler sprinten dann zu den Hürden, springen darüber und sprinten dann zur Mittellinie.

Quelle: Pep Guardiolas Bayern München Trainingseinheit am Trainingsgelände, Säbener Strasse - 27. Juni 2013

7. Schnelligkeitstraining, Doppelpass, Dribbling und Abschluss Zirkel

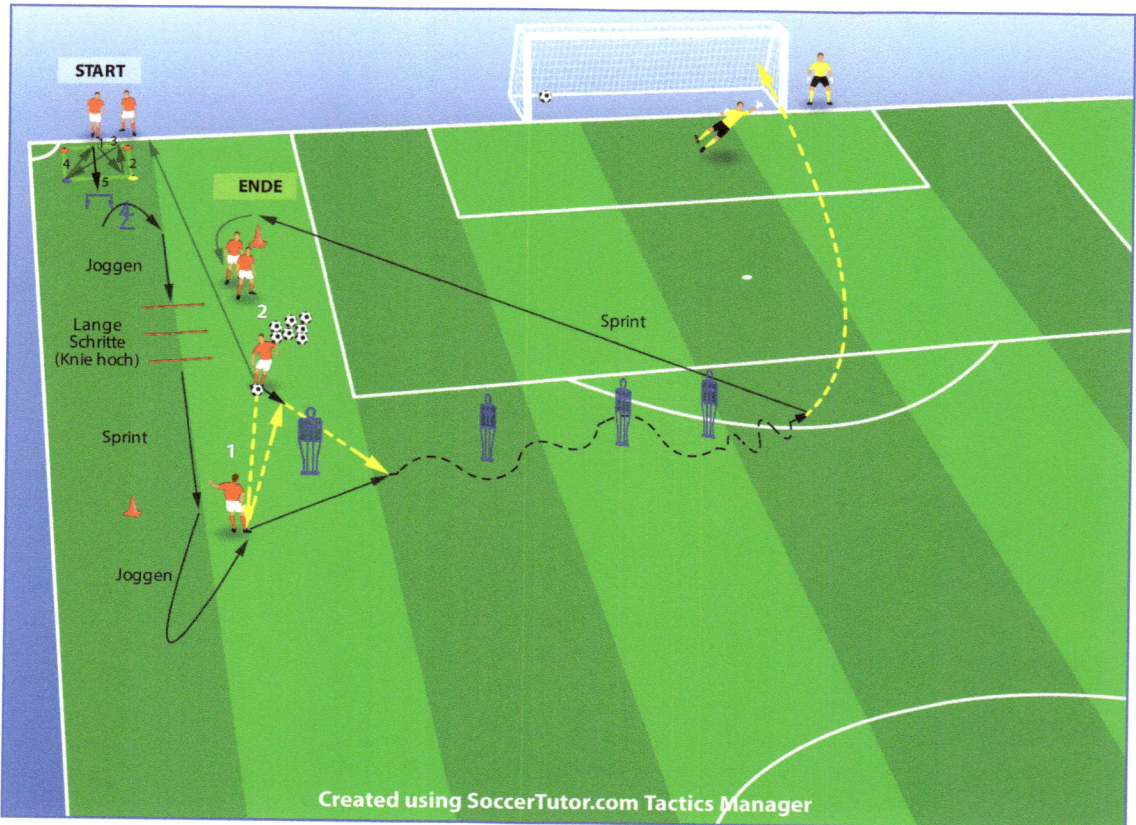

Created using SoccerTutor.com Tactics Manager

Beschreibung

1. Spieler 1 sprintet zum gelben Hütchen, zurück zum Start, zum blauen Hütchen, zurück zum Start und verlässt schließlich die Box.

2. Spieler 1 springt vorwärts über die erste Hürde und springt seitwärts über die zweite Hürde.

3. Spieler 1 joggt vorwärts.

4. Spieler 1 geht mit langen Schritten und hohen Knien durch die Bodenstangen.

5. Spieler 1 sprintet zum Hütchen, joggt langsam weg und dann zurück (gebogene Linie).

6. Spieler 2 passt zu Spieler 1.

7. Spieler 1 spielt einen Doppelpass mit Spieler 2 und erhält den Rückpass auf der anderen Seite des Dummys.

8. Spieler 1 dribbelt zwischen den Dummys hindurch und schießt auf das Tor.

9. Spieler 1 sprintet zum Abschluss.

Quelle: Pep Guardiolas Bayern München Trainingseinheit am Trainingsgelände, Säbener Strasse

8. Beweglichkeit, Doppelpässe und Abschlüsse außerhalb des 16ers in Schnelligkeitszirkel

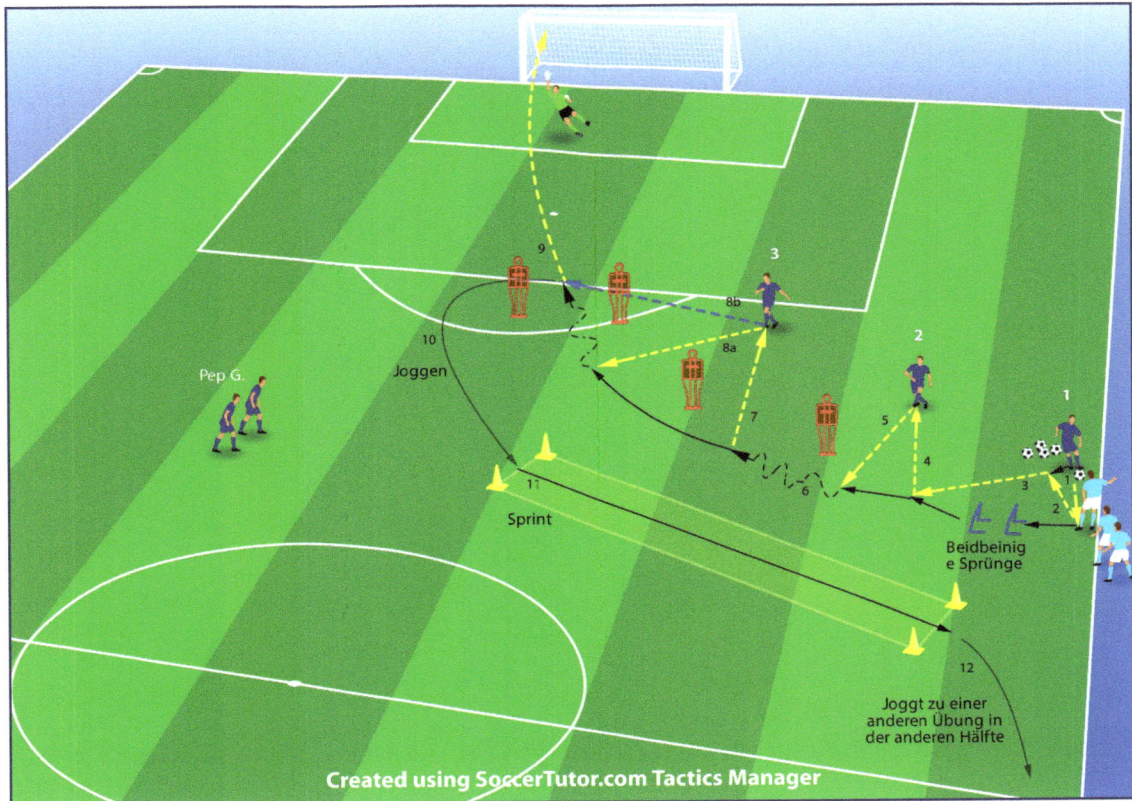

Created using SoccerTutor.com Tactics Manager

Die Hälfte der Spieler von Man City nimmt an diesem technischen Parcours teil und wechselt anschließend in die andere Hälfte des Spielfelds (Übung auf der nächsten Seite).

Beschreibung

1. Trainer 1 passt zum Spieler.

2. Der Spieler passt zurück und springt dann mit beiden Füßen über die 2 Hürden.

3. Der Spieler nimmt den Doppelpass auf.

4. Pass zu Trainer 2.

5. Nimmt den Rückpass an (Doppelpass).

6. Dribbling nach innen.

7. Pass zu Trainer 3.

8. Nimmt den Rückpass (Doppelpass) auf einer der beiden Seiten des Dummys (8a oder 8b).

9. Dribbling nach vorne und Schuss von außerhalb des 16ers.

10. Zurückjoggen.

11. Sprint durch den gelben Hütchenkanal.

12. Zu einer anderen Übungsaufstellung in der gegenüberliegenden Hälfte des Spielfeldes (siehe nächste Seite).

Quelle: Pep Guardiolas Manchester City Trainingseinheit am Etihad Campus Training Ground, Manchester - 17. Oktober 2018

9. Beweglichkeit, Annahme, Dribbling, Doppelpass und Abschluss außerhalb des 16ers in Schnelligkeitszirkel

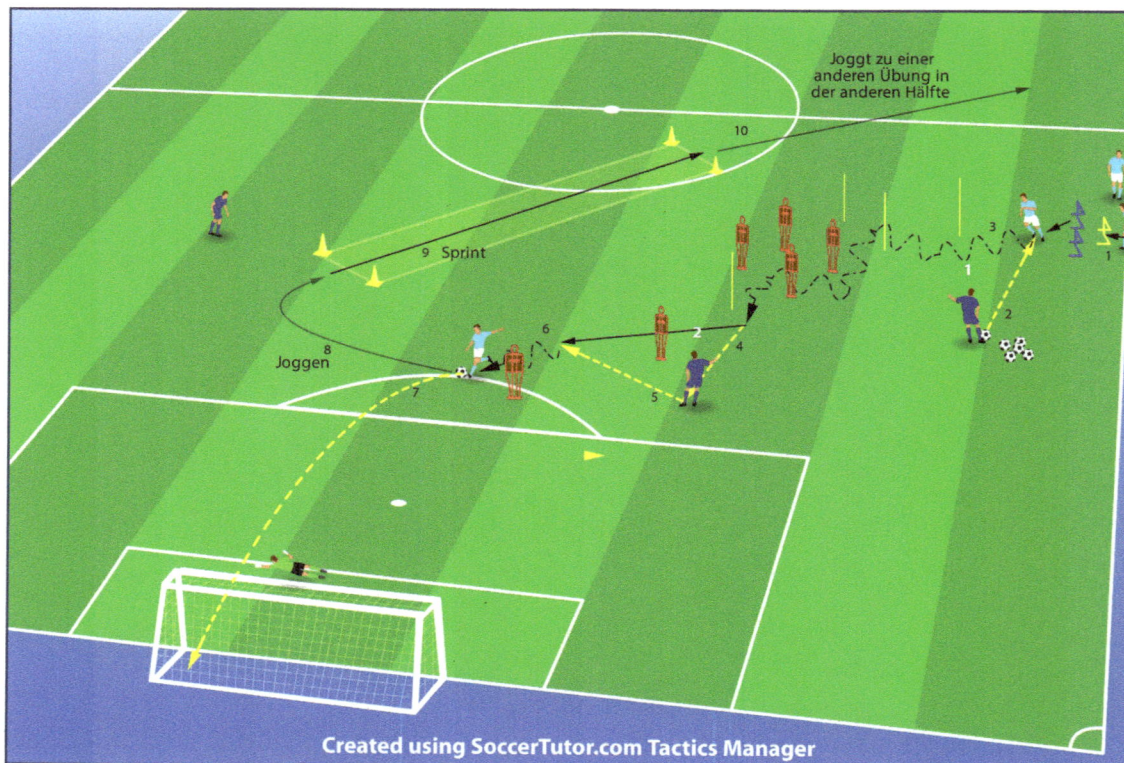

Created using SoccerTutor.com Tactics Manager

Die Hälfte der Spieler von Man City nimmt an diesem technischen Parcours teil und wechselt anschließend in die andere Hälfte des Spielfelds (Übung auf der vorherigen Seite).

Beschreibung

1. Sprung über die gelbe Hürde und dann über eine der beiden blauen Hürden.

2. Ballannahme des Passes von Trainer 1.

3. Dribbling durch die gelben Stangen und dann durch die roten Dummys.

4. Pass zu Trainer 2.

5. Bewegung nach innen und Annahme des Rückpasses von Trainer 2 (Doppelpass).

6. Dribbling am Dummy vorbei.

7. Schuss von außerhalb des 16ers.

8. Joggen in Richtung des gelben Hütchenkanals.

9. Sprint durch den gelben Hütchenkanal.

10. Jogge zu einer anderen Übungsaufstellung in der gegenüberliegenden Spielfeldhälfte (siehe vorherige Seite).

Quelle: Pep Guardiolas Manchester City Trainingseinheit am Etihad Campus Training Ground, Manchester - 17. Oktober 2018

10. Passen, Dribbling und Abschluss in komplexem Technikzirkel

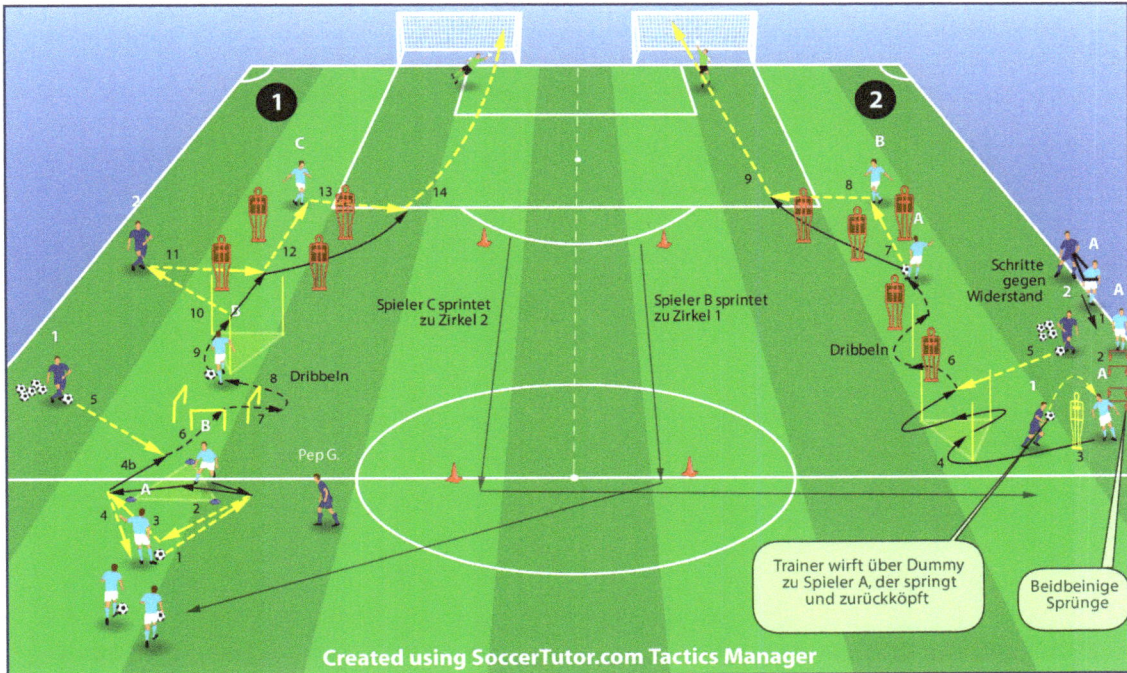

Created using SoccerTutor.com Tactics Manager

Zirkel 1

1. Spieler A spielt einen Doppelpass mit Spieler B, der sich zu einer Seite (außerhalb des Hütchendreiecks) bewegt, um den Ball anzunehmen

2. Das Gleiche wird auf der gegenüberliegenden Seite wiederholt.

3. Lauft nach vorne, um den Pass von Trainer 1 anzunehmen, dribbling unter dem ersten Bogen und dann unter dem zweiten Bogen (rechts oder links).

4. Dribbling durch die gelben Stangen.

5. Doppelpass mit Coach 2, um den Ball hinter den ersten beiden Dummys anzunehmen.

6. Doppelpass mit Spieler C, um den Ball hinter den hinteren beiden Dummys anzunehmen und zu schießen.

7. Spieler C sprintet zu Zirkel 2. Die Spieler wechseln die Positionen (A -> B -> C -> gegenüberliegender Zirkel).

Zirkel 2

1. Sprünnge über die roten Hürden.

2. Sprung und Köpfen des Balls, der von Trainer 1 geworfen wurde über den Dummy.

3. Slalom-Lauf durch die gelben Stangen.

4. Annahme des Balls von Trainer 2 und dribbeln durch die Dummys.

5. Doppelpass mit Spieler B, Ballannahme hinter den 3 Dummys und Abschluss.

6. Spieler B sprintet zu Zirkel 1. Spieler A nimmt Position von Spieler B ein.

Quelle: Pep Guardiolas Manchester City Trainingseinheit am Etihad Campus Training Ground, Manchester - 31. Juli 2018

11. Schnelligkeitsarbeit + Richtungswechsel mit und ohne Ball in Doppeltem Technikzirkel (1)

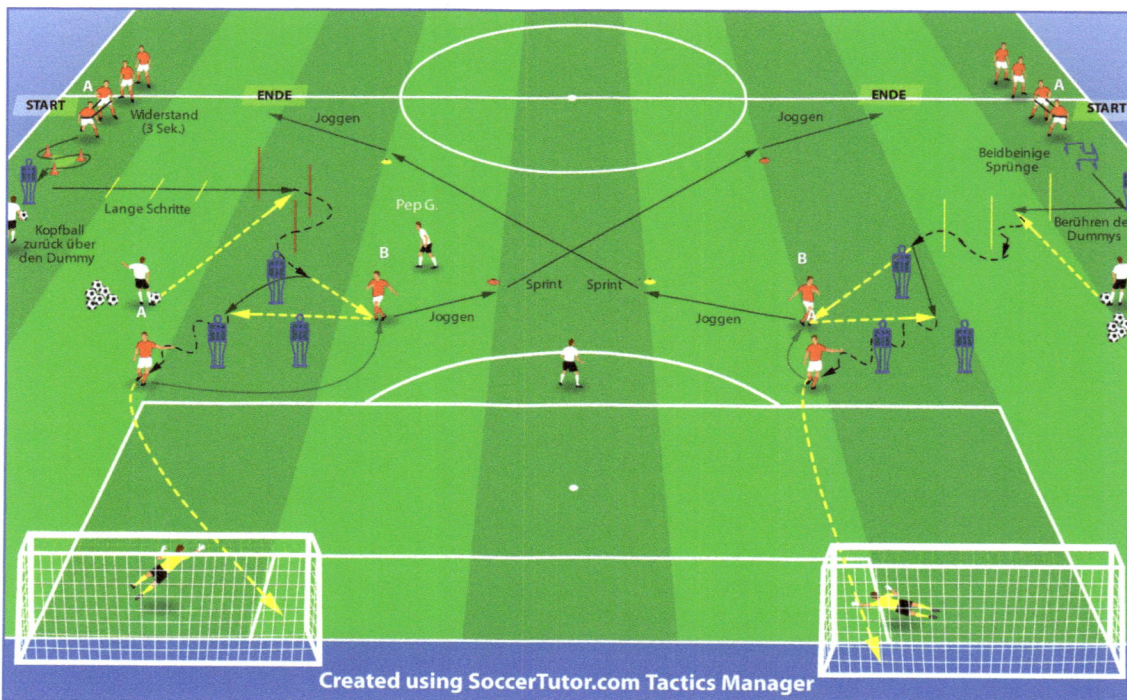

Created using SoccerTutor.com Tactics Manager

Beschreibung (Linke Seite)

1. 3 Sekunden Sprint mit Widerstandsband um die Taille.

2. Lauf um die 3 Hütchen wie aufgezeigt.

3. Sprung und Kopfball über den Dummy zurück zum Trainer.

4. Lauf mit langen Schritten durch die Bodenstangen.

5. Annahme des vom Trainer gespielten Balls und Dribbling durch die Stangen.

6. Doppelpass mit Spieler B.

7. Dribbling vorbei an einem der beiden Dummys und Schuß aufs Tor.

8. Spieler B joggt, sprintet und joggt dann auf die andere Seite. Spieler A nimmt Position von B ein.

Beschreibung (Rechte Seite)

1. Beidbeinige Sprünge über die Hürden.

2. Berühre den Dummy und bewege dich zur Ballannahme.

3. Annahme des Passes vom Trainer und Dribbling durch die Stangen.

4. Doppelpass mit Spieler B.

5. Dribbling an eine der beiden Dummys vorbei und Schuss.

6. Spieler B joggt, sprintet und joggt dann auf die andere Seite. Spieler A nimmt Position von B ei.

Quelle: Pep Guardiolas Bayern München Trainingseinheit am Trainingsgelände, Säbener Strasse – 2. Dezember 2014

12. Schnelligkeitsarbeit + Richtungswechsel mit und ohne Ball in Doppeltem Technikzirkel (2)

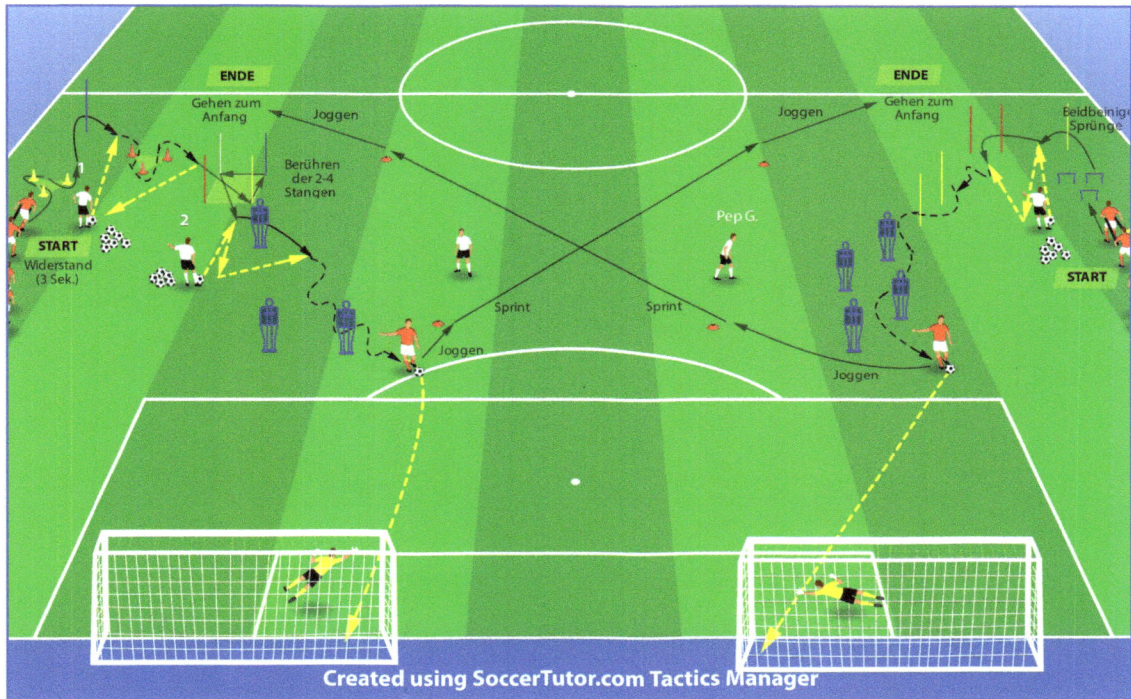

Created using SoccerTutor.com Tactics Manager

Beschreibung (Linke Seite)

1. 3 Sekunden Sprint mit Widerstandsband um die Taille.

2. Lauf um die 3 Hütchen und dann um die Stange, um den Pass von Trainer 1 anzunehmen.

3. Dribbling um die 3 Hütchen und pass zu Trainer 1.

4. Scharfe Richtungswechsel und Berühren von 2-4 Stangen, dann Annahme des Passes von Trainer 2.

5. Doppelpass mit Trainer 2 und Annahme auf der anderen Seite des Dummys.

6. Dribbling an einem der beiden Dummys vorbei und Schuss von außerhalb des 16ers.

7. Jog, Sprint und dann Jog zur anderen Seite.

Beschreibung (Rechte Seite)

1. 3 Sekunden Sprint mit Widerstandsband um die Taille.

2. Beidbeinige Sprünge über die Hürden.

3. Lauf um die Stange und Ballannahme des durch den Trainer gespielten Balls.

4. Doppelpass mit Trainer 2 und Annahme auf der anderen Seite des Dummys

5. Dribbling durch die Stangen und Schuss von außerhalb des 16ers.

6. Jog, Sprint und dann Jog zur anderen Seite.

Quelle: Pep Guardiolas Bayern München Trainingseinheit am Trainingsgelände, Säbener Strasse – 22. März 2016

13. Zwei komplexe Technik, Schnelligkeits- & Beweglichkeitszirkel mit Abschluss auf beiden Seiten

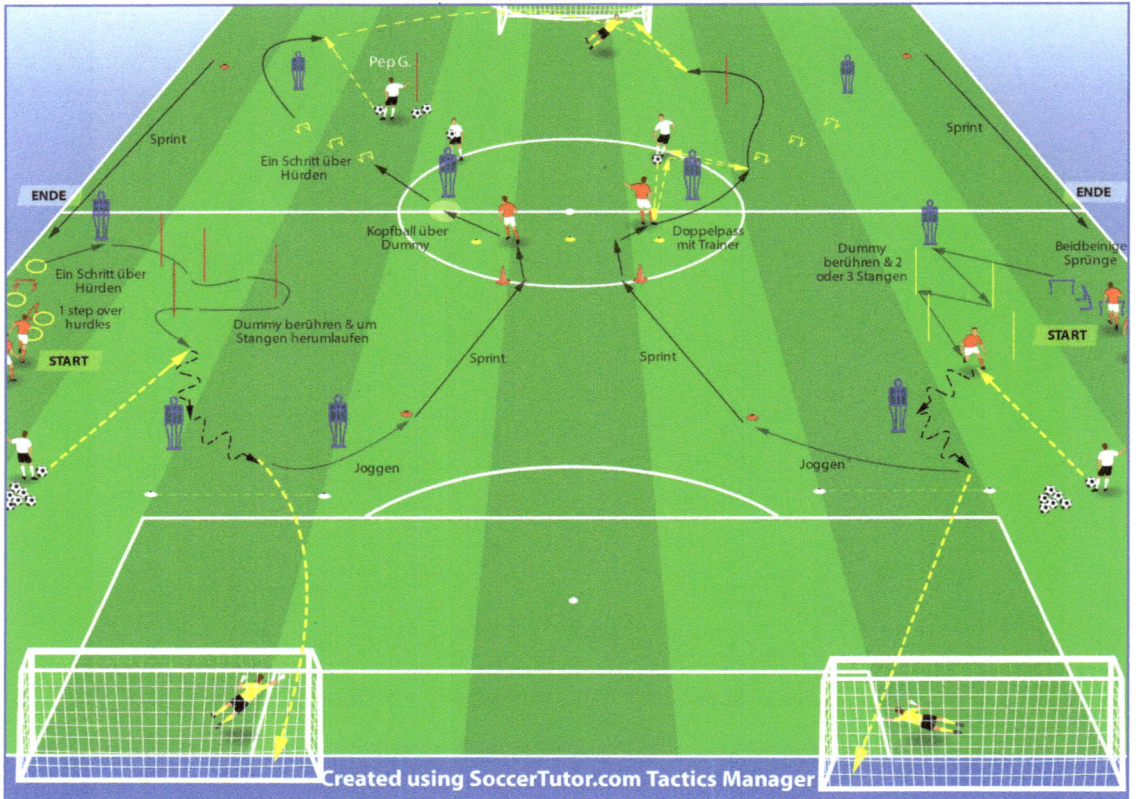

Created using SoccerTutor.com Tactics Manager

Beschreibung (Linke Seite)

1. 1 Sekunde Pause in den Ringen, 1 Schritt über die Hürden.

2. Dummy berühren und Lauf um die Stangen.

3. Pass des Trainers annehmen, Dribbling vorbei am Dummy und Schuss.

4. Jog um den Dummy und Sprint zum Hütchen.

5. Springe hoch und Kopfball zum Trainer.

6. Je 1 Schritt über 3 Hürden, dann Lauf um den Dummy, um den Pass des Trainers anzunehmen.

7. Flanke den Ball zu einem Mitspieler auf der

gegenüberliegenden Seite.

Beschreibung (Rechte Seite)

1. Beidbeinige Sprünge über die 3 Hürden.

2. Berühren des Dummys und 2-3 Stangen.

3. Annahme des vom Trainer gespielten Balls, Dribbling vorbei am Dummy und Schuss.

4. Jog um den Dummy und Sprint zum Hütchen.

5. Doppelpass mit Trainer, dann Lauf um den Dummy.

6. Doppelpass mit Trainer und Lauf um die Stange.

7. Versuch die Flanke des Mitspielers zu vollstrecken.

Quelle: Pep Guardiolas Bayern München Trainingseinheit am Trainingsgelände, Säbener Strasse

14. Kurzpässe, Annahme, Dribbling + Abschluss in Doppeltem Technikzirkel

Der Zirkel rechts entspricht genau dem Zirkel links (gespiegelt).

Beschreibung

1-2. Spieler A spielt einen Doppelpass mit Spieler B.

3-4. Spieler B rennt, um den 1. Dummy zu berühren und läuft dann um den 2. Dummy herum.

5-6. Spieler A spielt einen Doppelpass mit B.

7-8. Spieler B läuft, um den 3. Dummy zu berühren und läuft dann vorwärts.

9-11. Spieler B nimmt einen Ball vom Trainer auf, dribbelt durch die Hütchen und bis zu den Stangen.

12-13. Spieler B dribbelt durch die Stangen, vorbei an den Dummys schießt.

14-16. Spieler B joggt, sprintet durch die Hütchen und sprintet dann zur Startposition auf der gegenüberliegenden Seite.

Quelle: Pep Guardiolas Bayern München Trainingseinheit am Trainingsgelände, Säbener Strasse

15. Kombinierte Schnelligkeits- & Beweglichkeitszirkel mit Ball in die Tiefe und Abschluss

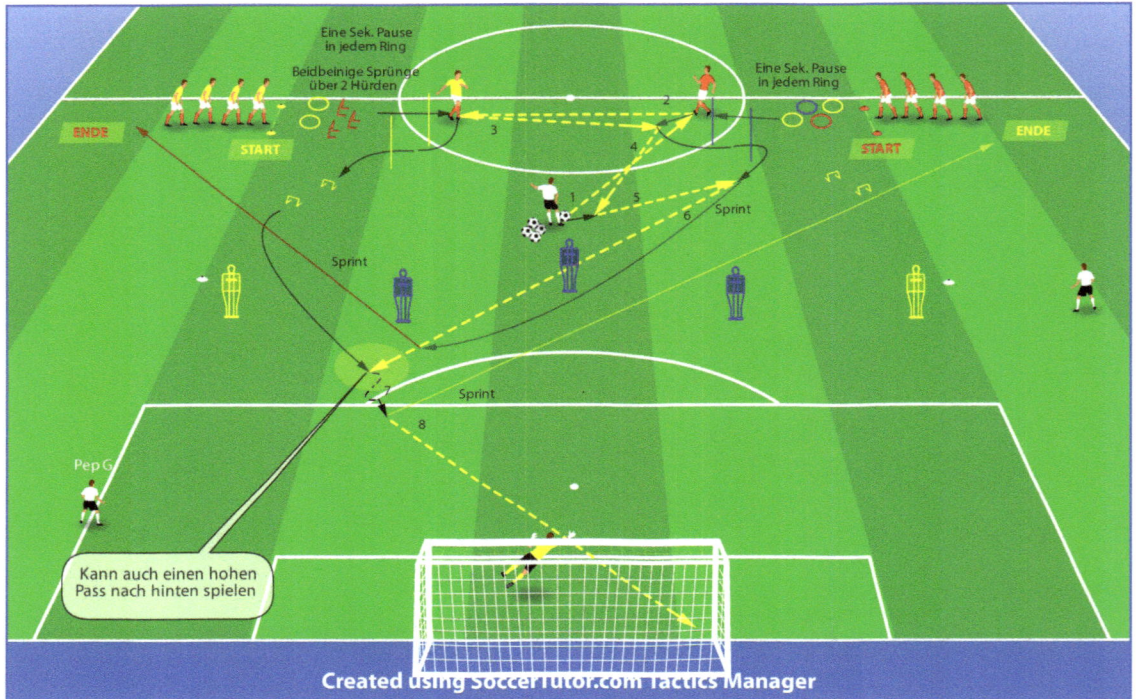

Created using SoccerTutor.com Tactics Manager

Zum Start hält Spieler A (rot) je eine 1-sekündige Pause in 4 Speedrings. Spieler B (gelb) hält je eine Pause von 1 Sekunde in 2 Speedrings und springt mit zwei Füßen über 2 von 3 Hürden. Beide Spieler bewegen sich vor die Stange.

Beschreibung

1. Der Trainer passt zu Spieler A (rot).

2. Spieler A passt zu Spieler B (gelb).

3. Spieler B spielt den Pass zurück (Doppelpass) und läuft dann durch die gelben Stangen.

4. Spieler A (rot) passt zum Trainer.

5. Spieler A läuft durch die blauen Stangen und erhält den Rückpass vom Trainer

(Doppelpass). Spieler B springt über 2 Hürden.

6. Spieler A (rot) spielt einen langen Diagonalball (am Boden oder in der Luft), den Spieler B (gelb) ersprintet. Spieler A (rot) sprintet dann ebenfalls nach vorne.

7. Spieler B (gelb) nimmt den Pass an und zieht in den 16er.

8. Spieler B (gelb) versucht ein Tor zu erzielen.

9. Beide Spieler sprinten auf die gegenüberliegende Seite.

Quelle: Pep Guardiolas Bayern München Trainingseinheit in Doha, Qatar – 10. Januar 2014

16. Schnelligkeits- & Beweglichkeitszirkel mit schnellem Doppelpass und Abschluss

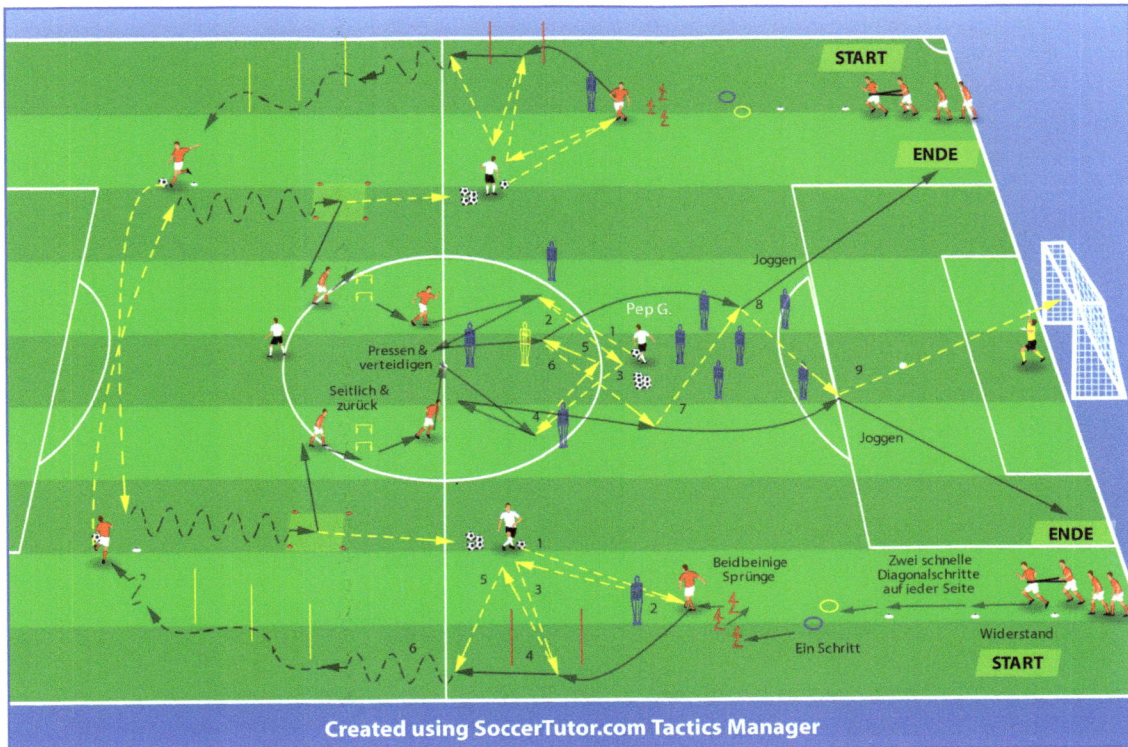

Created using SoccerTutor.com Tactics Manager

Die 2 äußeren Zirkel sind identisch. Sie beginnen mit den gezeigten Schnelligkeits- und Beweglichkeitsübungen.

Äußerer Zirkel

- Der Trainer spielt einen Doppelpass mit dem Spieler, der anschließend um den Dummy herumläuft.

- Der Trainer einen Doppelpass zwischen den Stangen mit dem Spieler, der dann an der zweiten Stange vorbeiläuft.

- Der Trainer passt zurück zum Spieler, der durch die Stangen dribbelt und zu seinem Mitspieler auf der gegenüberliegenden Seite passt.

- Der Spieler nimmt den Pass seines Mitspielers an, dribbelt in den Strafraum und passt zum Trainer.

Mittlerer Zirkel

- Beide Spieler machen schnelle Seitwärtsschritte über Hürden und wieder zurück, dann bewegen sie sich vorwärts.

- Beide Spieler machen nun Pressing- und Deckungsbewegungen; wenn der Trainer einem Dummy den Ball spielt, bewegt sich ein Spieler in Richtung Ball, um den Pass anzunehmen und zurückzuspielen - der andere Spieler bewegt sich quer, als ob er absichern würde.

- Die Spieler spielen einen Doppelpass zwischen den Dummys, damit einer von ihnen den Ball annehmen und ein Tor erzielen kann. Beide Spieler joggen zu einem der äußeren Kreise.

Quelle: Pep Guardiolas Bayern München Trainingseinheit in Doha, Qatar – 7. Januar 2014

53

17. Drei Schnelligkeits-, Koordinations- & Beweglichkeits-Technikzirkel mit Ball

Created using SoccerTutor.com Tactics Manager

Zirkel A

1. Sprint mit Widerstandsband um die Hüfte.
2. Über alle 4 Hürden springen (beidfüßige Vorwärts- und Seitwärtssprünge).
3. Linke rote Stange berühren, dann rechte rote Stange und dann um die blaue Stange laufen.
4. Doppelpass mit Trainer um den Dummy.
5. Dribbling zwischen 3 Dummys und Schuss.
6. Joggen -> Sprint -> Joggen zum Zirkel B.

Zirkel B

1. Seitwärtssprünge über Hürden mit einbeiniger Landung in Speedrings + Sprung an den Dummy.
2. Pass vom Trainer annehmen und durch die Stangen dribbeln.
3. Doppelpass mit Pep Guardiola, Dribbling am Dummy vorbei und Schuss.
4. Joggen -> Sprint -> Joggen zum Zirkel C.

Zirkel C

1. Hops (1 Fuß) durch Speedrings und Slalomlauf durch die Stangen.
2. Hohe Kniehub Läufe durch die Bodenstangen.
3. Doppelpass mit Trainer, Dribbling (Slalom) durch die Dummys und Schuss.
4. Joggen -> Sprint -> Joggen zum Zirkel A.

Quelle: Pep Guardiolas Bayern München Trainingseinheit in Doha, Qatar – 7. Januar 2014

18. High Intensity Schnelligkeits-, Power- und Beweglichkeitszirkel + 3v2s

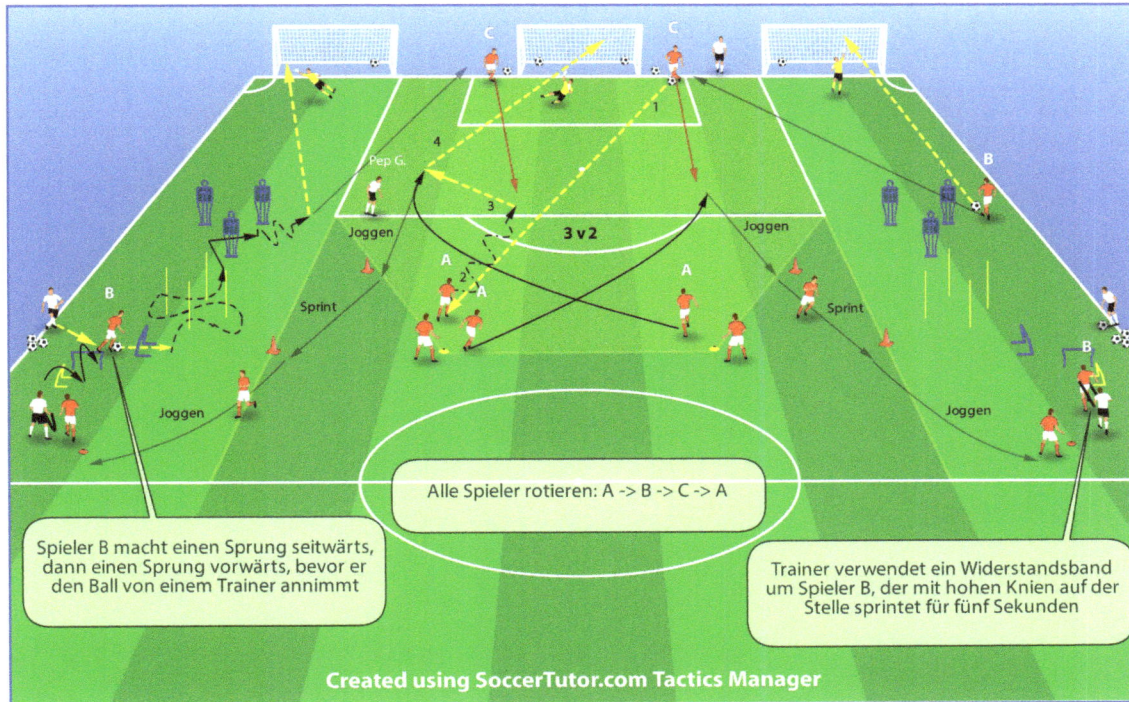

Spieler B macht einen Sprung seitwärts, dann einen Sprung vorwärts, bevor er den Ball von einem Trainer annimmt

Alle Spieler rotieren: A -> B -> C -> A

Trainer verwendet ein Widerstandsband um Spieler B, der mit hohen Knien auf der Stelle sprintet für fünf Sekunden

Created using SoccerTutor.com Tactics Manager

Jede der 3 Zonen hat ein großes Tor mit Torwart. Die 2 äußeren Zonen sind identisch.

Äußere Zone

1. Spieler B sprintet 5 Sekunden lang auf der Stelle mit hohen Knien, während der Trainer ein Widerstandsband um seine Taille hält.

2. Sprung seitwärts über die erste Hürde und Sprung vorwärts über die zweite Hürde.

3. Annahme des Balls vom Trainer gespielten Balls und Rollen dessen unter der Hürde.

4. Dribbeln des Balls durch die Stangen.

5. Dribbeln mit Tempo auf den Dummy zu.

6. Ausführen einer Finte wie in einem 1v1-Duell

mit einem Verteidiger, um Raum zu schaffen und aufs Tor zu schießen.

7. Position C einnehmen und Verteidiger in der Mittelzone werden.

Mittlere Zone

1. Team C spielt einen Pass zu Team A und rückt aus, um in einer 3v2-Situation zu verteidigen.

2. Team A greift an und versucht, ein Tor zu erzielen, wobei der Schwerpunkt auf einem Hinterlaufen- oder Tiefenlauf liegt.

3. Team A bewegt sich in die Seitenzonen (B) und Team C geht auf Position A, um anzugreifen.

Quelle: Pep Guardiolas Bayern München Trainingseinheit in Doha, Qatar – 8. Januar 2016

55

Manchester City Passübungen

Direkt aus Pep Guardiolas Manchester City Trainingseinheiten

"Die Intention ist nicht den Ball laufen zu lassen, sondern den Gegner."

1. 3v1+ Zuspiel, Pass in den Rücken und Abschluss auf Mini-Tor

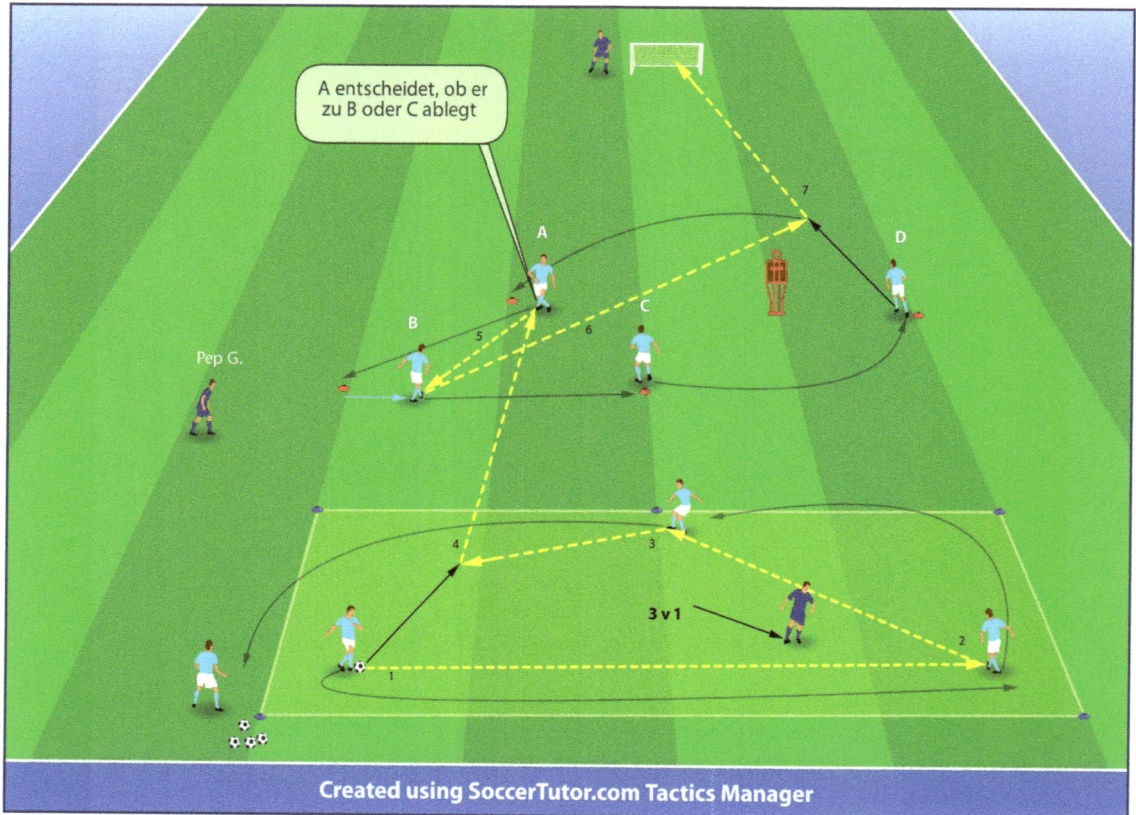

A entscheidet, ob er zu B oder C ablegt

Created using SoccerTutor.com Tactics Manager

Beschreibung

1-2. Das Training beginnt mit 3 Spielern, die in einem 3v1 gegen den Trainer antreten.

3. Nach einigen Pässen legt der, am weitesten aufgerückte, Spieler den Ball an für seinen Mitspieler ab.

4. Dieser Spieler passt zu Spieler A.

5. Spieler A entscheidet, ob er den Ball für Spieler B oder C ablegt. Im Beispiel der Abbildung legt A den Ball zu Spieler B ab.

6. Spieler B spielt einen finalen Balll hinter den Dummy den Spieler D erläuft.

7. Spieler D läuft nach vorne, um als Erster ins Mini Tor zu treffen.

8. Die Spieler A, B, C und D wechseln, ebenso wie die Spieler im 3v1, und die Übung beginnt wieder von vorne.

Quelle: Pep Guardiolas Manchester City Trainingseinheiten, Etihad Campus Training Ground, Manchester - 23. August 2018

2. 3v1+ Zuspiel, Pass in den Rücken und Abschluss auf Mini-Tor (Variation)

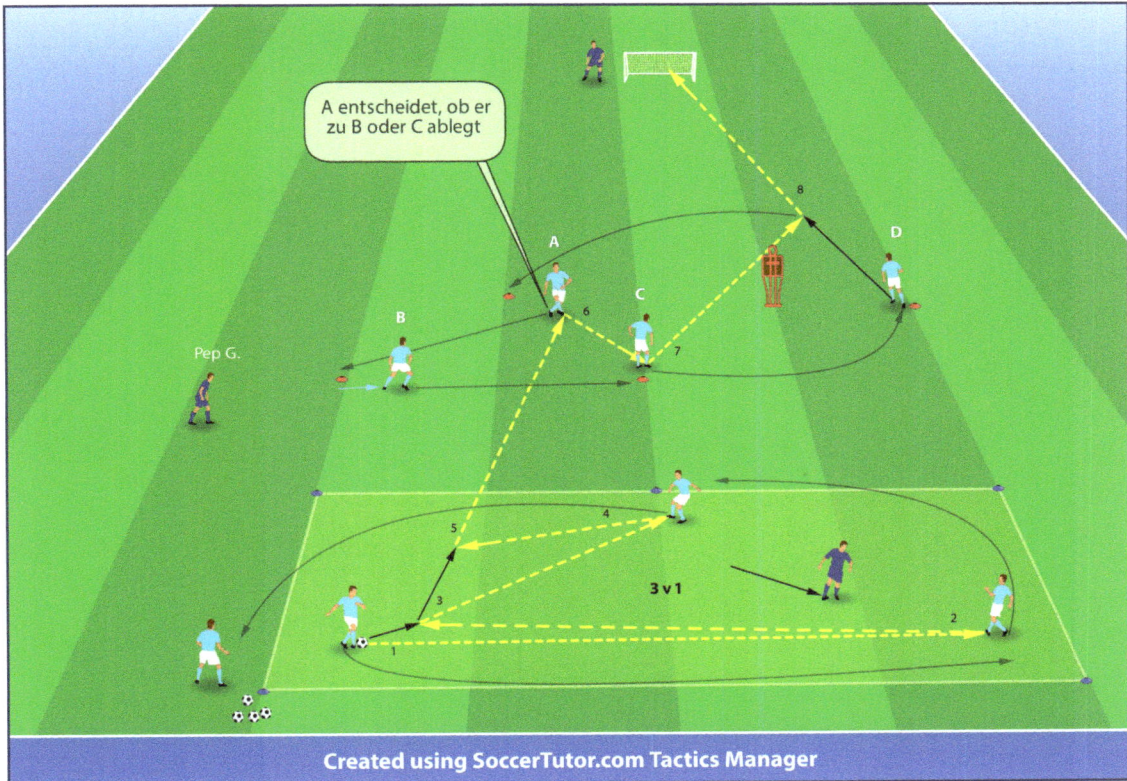

A entscheidet, ob er zu B oder C ablegt

Pep G.

3 v 1

Created using SoccerTutor.com Tactics Manager

Beschreibung

- In dieser Variante der Übung auf der vorigen Seite bleibt das Muster gleich, außer dass Spieler A den Ball zu Spieler C statt zu Spieler B ablegt.

- Spieler C spielt also den finalen Pass für Spieler D, der den Ball erläuft und ihn im Mini-Tor versenkt.

Quelle: Pep Guardiolas Manchester City Trainingseinheiten, Etihad Campus Training Ground, Manchester - 23. August 2018

3. 3v1+ Zuspiel, Flugball in den Rücken und Abschluss

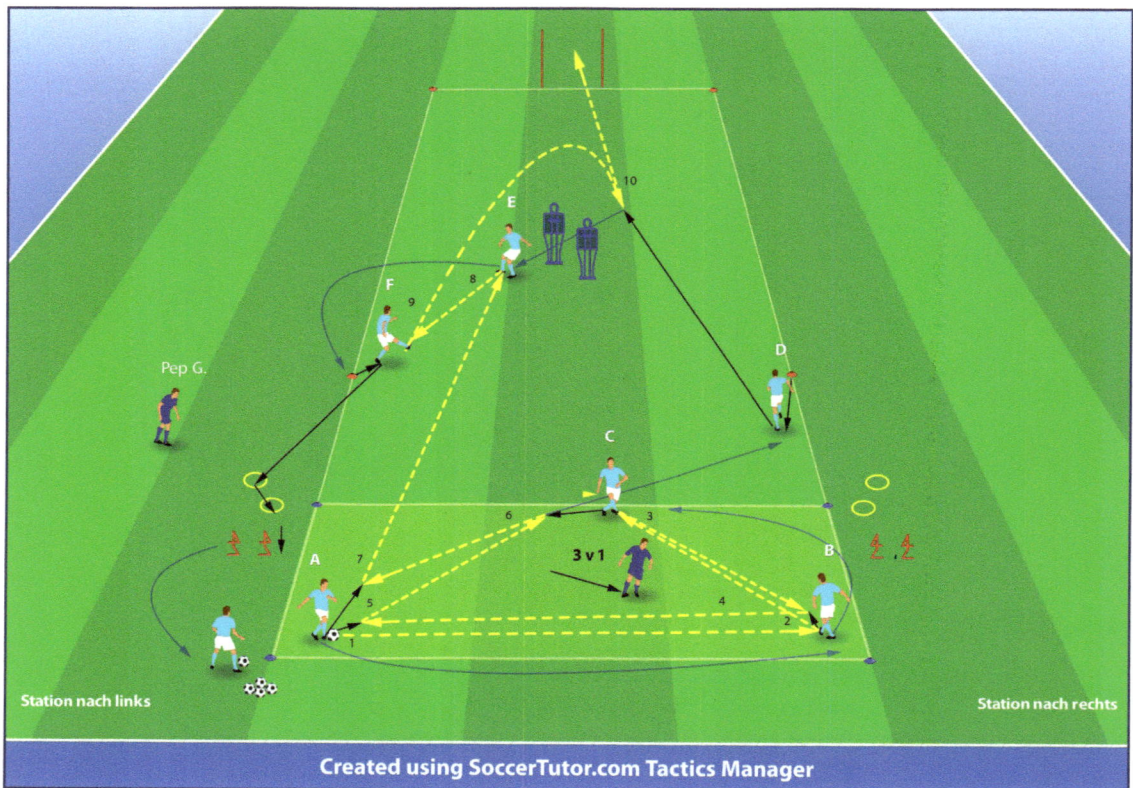

Created using SoccerTutor.com Tactics Manager

Beschreibung

1-5. Das Training beginnt mit 3 Spielern, die in einem 3v1 gegen den Trainer antreten.

6. Nach ein paar Pässen legt Spieler C den Ball für Spieler A ab.

7. Spieler A spielt einen Pass nach vorne zu Spieler E, der sich zur Ballannahme zurückfallen gelassen hat.

8. Spieler E legt den Ball auf Spieler F ab.

9. Spieler F spielt chippt auf Spieler D, der den Ball erläuft.

10. Spieler D hat sich zunächst zurückfallen zu lassen, bevor er einen gut getimten Lauf in die Tiefe macht, um zwischen den Stangen zu treffen.

11. Die Spieler A, B, C, D, E und F wechseln die Positionen und die Übung beginnt von vorne.

Quelle: Pep Guardiolas Manchester City Trainingseinheiten, Etihad Campus Training Ground, Manchester - 23. November 2018

4. 3v1+Zuspiel, Flügelwechsel, Flugball in den Rücken und Abschluss (Variation 1)

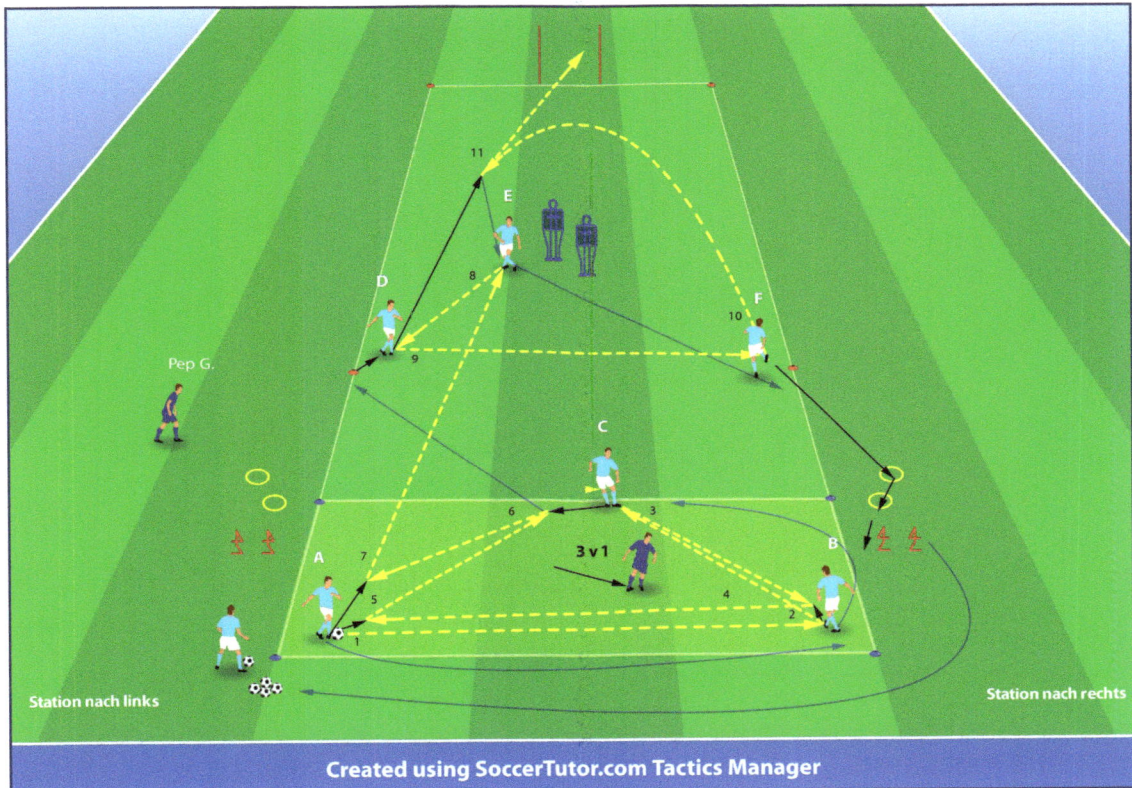

Created using SoccerTutor.com Tactics Manager

Beschreibung

1-5. Das Training beginnt mit 3 Spielern, die in einem 3v1 gegen den Trainer antreten.

6. Nach ein paar Pässen legt Spieler C den Ball auf Spieler A ab.

7. Spieler A spielt einen Pass nach vorne zu Spieler E, der sich zur Ballannahme zurückfallen gelassen hat.

8. Spieler E legt den Ball für Spieler D ab.

9. Spieler D passt zu Spieler F.

10. Spieler F "chippt" den Ball in den Lauf von Spieler D.

11. Spieler D startet einen gut getimten Lauf in die Tiefe und trifft zwischen die Stangen.

12. Die Spieler A, B, C, D, E und F wechseln die Positionen und die Übung beginnt von vorne.

Quelle: Pep Guardiolas Manchester City Trainingseinheiten, Etihad Campus Training Ground, Manchester - 23. November 2018

5. 3v1+Zuspiel, Flügelwechsel, Flugball in den Rücken und Abschluss (Variation 2)

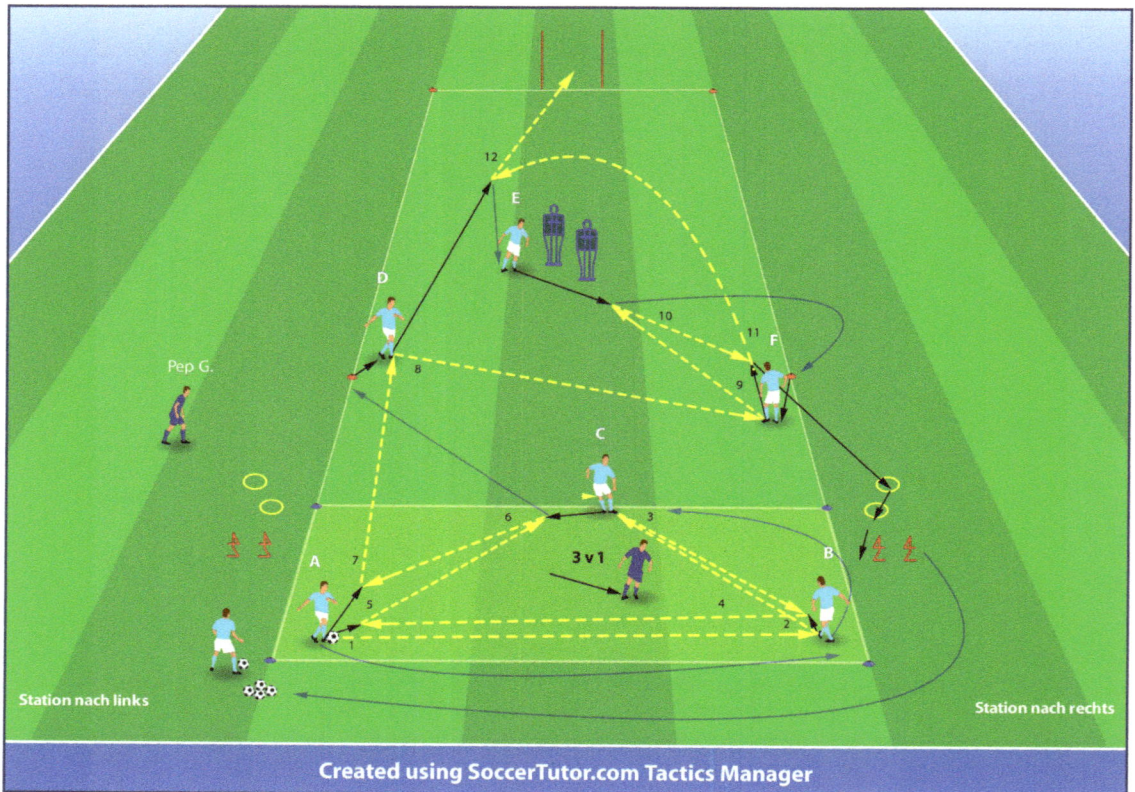

Created using SoccerTutor.com Tactics Manager

Beschreibung

1-5. Das Training beginnt mit 3 Spielern, die in einem 3v1 gegen den Trainer antreten.

6. Nach ein paar Pässen legt Spieler C den Ball auf Spieler A ab.

7. Spieler A passt auf Spieler D.

8. Spieler D passt weit au F, der sich zurückfallen lässt.

9. Spieler F passt zu Spieler E, der schräg läuft.

10. Spieler E legt den Ball auf Spieler F ab.

11. Spieler F spielt "chippt" den Ball in den Lauf von Spieler D.

12. Spieler D startet einen gut getimten Lauf in die Tiefe und trifft zwischen die Stangen.

13. Die Spieler A, B, C, D, E und F wechseln die Positionen und die Übung beginnt von vorne.

Quelle: Pep Guardiolas Manchester City Trainingseinheiten, Etihad Campus Training Ground, Manchester - 23. November 2018

6. Passen, Annahme und Ball Kontrolle in Zirkel

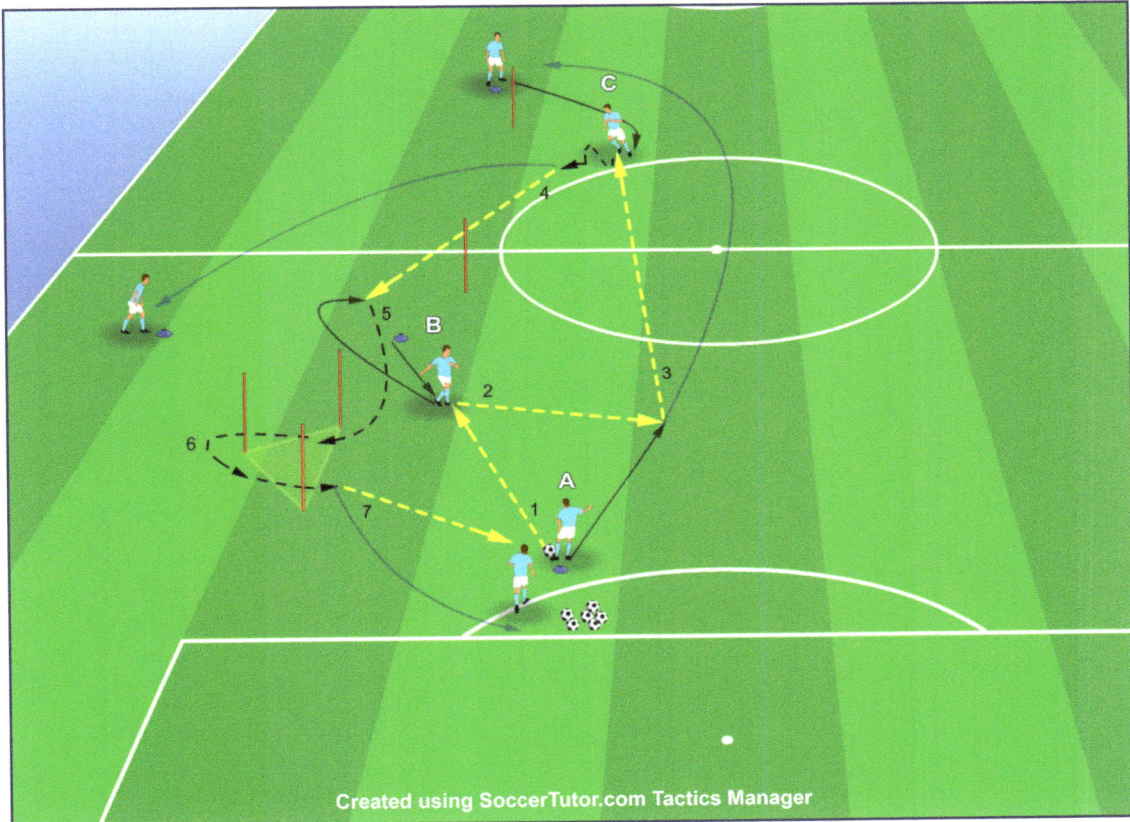

Created using SoccerTutor.com Tactics Manager

Beschreibung

1. Spieler A passt zu Spieler B, der sich zurückfallen lässt.

2. Spieler B passt quer in den Lauf von Spieler A.

3. Spieler A passt zu Spieler C, der quer läuft.

4. Spieler C passt zu Spieler B, der um das Hütchen gelaufen ist, um den Ball anzunehmen.

5. Spieler B nimmt den Ball an und dreht sich mit dem Ball.

6. Spieler B dribbelt durch die Stangen.

7. Spieler B spielt einen Pass zum Start (A) und der nächste Spieler legt los.

Quelle: Pep Guardiolas Manchester City Trainingseinheiten, Etihad Campus Training Ground, Manchester - Vorbereitung 2016

Bayern München Passübungen

Direkt aus Pep Guardiolas Bayern München Trainingseinheiten

1. Passen und Bewegen in einem Zirkel mit Schnelligkeitsarbeit

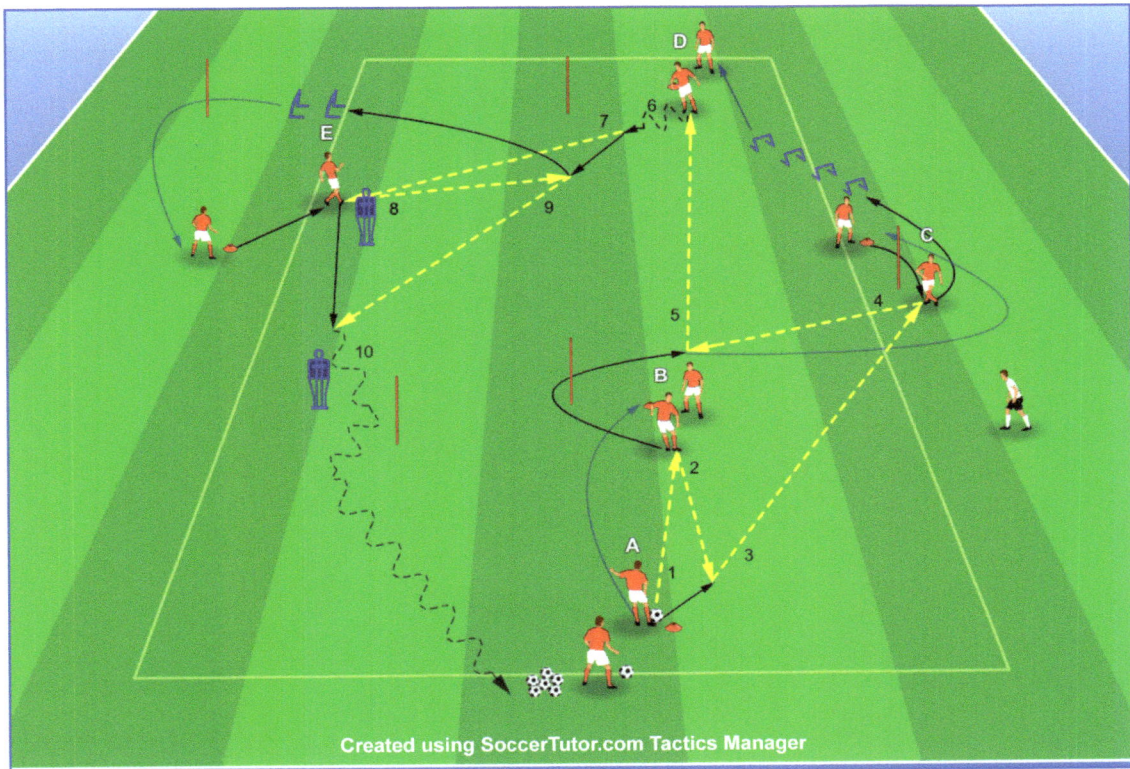

Created using SoccerTutor.com Tactics Manager

Beschreibung

1. Spieler A passt zu Spieler B.

2. Spieler B spielt den Ball zurück zu A (Doppelpass) und läuft dann um die Stange.

3. Spieler A spielt einen langen Ball zu Spieler C, der sich hinter die Stange zurückfallen lässt.

4. Spieler C passt nach innen zu Spieler B.

5. Spieler B spielt einen Pass nach vorne zu Spieler D.

6. Spieler D dreht auf und nimmt den Pass von

Spieler B an.

7. Spieler D passt zu Spieler E.

8. Spieler E passt nach innen zu Spieler D.

9. Spieler D passt vorm Dummy zu E und sprintet dann zur Seite, springt über 2 Hürden und läuft um die Stang.

10. Spieler E dribbelt am Dummy vorbei, innerhalb Stange und zum Start (A).

11. Alle Spieler wechseln auf die nächste Position: A -> B -> C -> D -> E -> A.

Quelle: Pep Guardiolas Bayern München Trainingseinheit, Säbener Strasse Trainingsgelände, München

2. Kurze und Mittellange Pässe mit getimten Bewegungen in einem Doppelpass Diamant

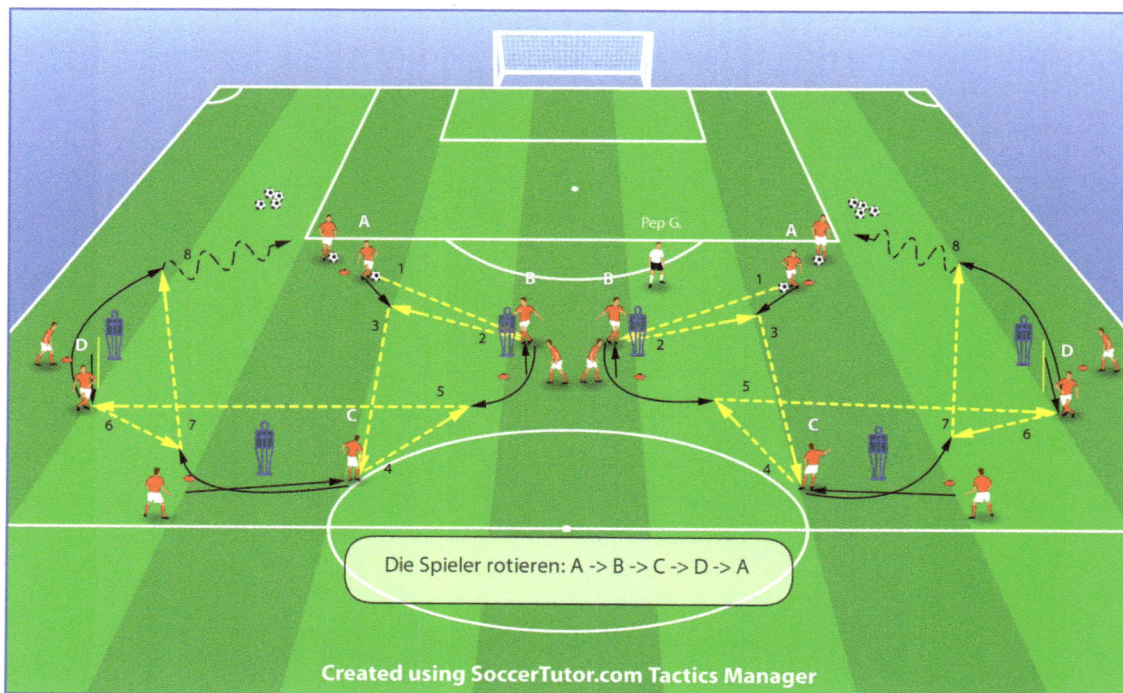

Die Spieler rotieren: A -> B -> C -> D -> A

Created using SoccerTutor.com Tactics Manager

2 Gruppen mit je 8 Spielern arbeiten gleichzeitig, und alle Spieler nutzen meist nur einen Kontakt.

Beschreibung

1. Spieler A passt zu Spieler B, der sich vor den Dummy bewegt, um anzunehmen.

2. Spieler B passt zurück zu A, der sich nach vorne bewegt.

3. Spieler A passt zu Spieler C, der sich zur Ballannahme hinter den Dummy bewegt.

4. Spieler C legt den Ball für Spieler B ab, der sich zur Annahme absetzt.

5. Spieler B leitet den Ball zu Spieler D weiter, der sich ebenfalls zur Annahme absetzt.

6. Spieler D legt den Ball für Spieler C ab, der sich wieder hinter den Dummy begibt.

7. Spieler C spielt den finalen Pass zu Spieler D, der um die Stange und den Dummy läuft, um den Pass im Lauf anzunehmen.

8. Spieler D dribbelt zur Ausgangsposition (A).

9. Alle Spieler rotieren zur nächsten Position: A -> B -> C -> D -> A.

Quelle: Pep Guardiolas Bayern München Trainingseinheit, Säbener Strasse Trainingsgelände, München - 15. Oktober 2014

3. Kurze und Mittellange Pässe mit getimten Bewegungen in einem Doppelpass Diamant (2 Variationen)

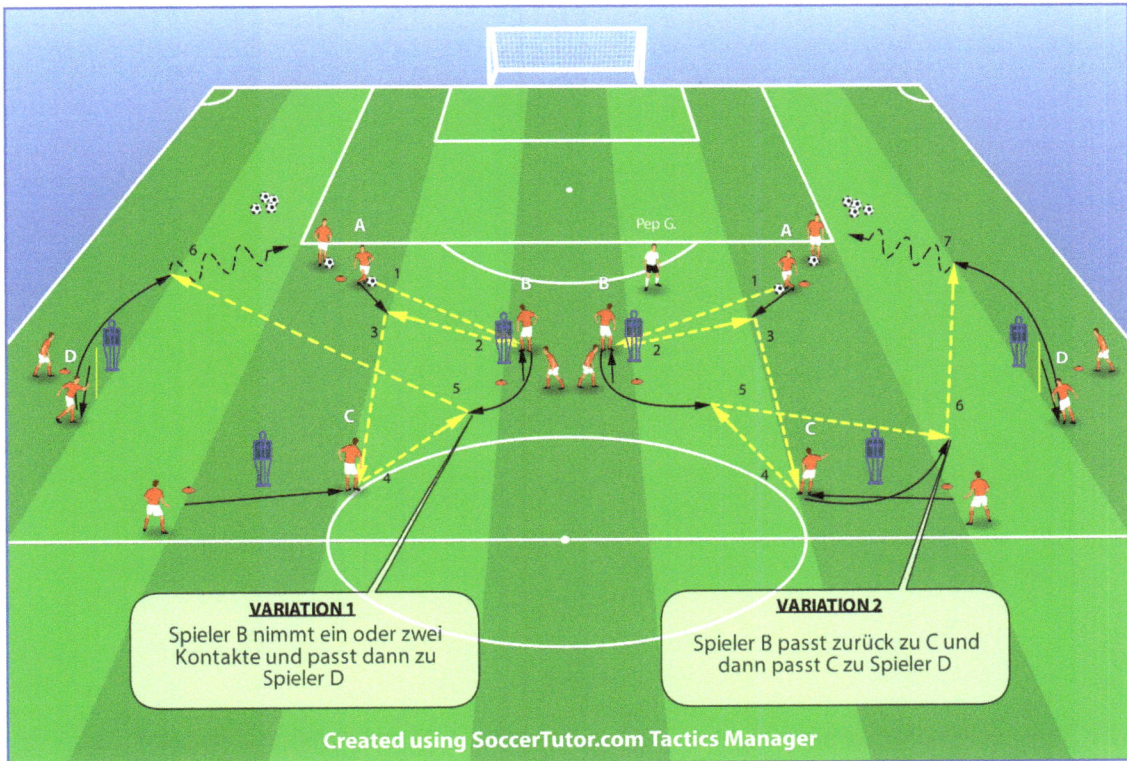

VARIATION 1
Spieler B nimmt ein oder zwei Kontakte und passt dann zu Spieler D

VARIATION 2
Spieler B passt zurück zu C und dann passt C zu Spieler D

Created using SoccerTutor.com Tactics Manager

Das Schaubild zeigt 2 Variationen der vorherigen Übung.

Variation 1

1-4. Die ersten 4 Schritte sind dieselben wie auf der vorherigen Seite.

5. Spieler B passt zu Spieler D (vor dem Dummy).

6. Spieler D dribbelt zur Startposition (A).

7. Alle Spieler rotieren zur nächsten Position: A -> B -> C -> D -> A.

Variation 2

1-4. Die ersten 4 Schritte bleiben gleich.

5. Spieler B passt zu Spieler C der hinter den Dummy läuft und den Ball annimmt.

6. Spieler C spielt den finalen Pass zu Spieler D, der um die Stange und den Dummy läuft, um den Ball im Lauf anzunehmen.

7. Spieler D dribbelt zur Startposition (A).

8. Alle Spieler rotieren zur nächsten Position: A -> B -> C -> D -> A.

Quelle: Pep Guardiolas Bayern München Trainingseinheit, Säbener Strasse Trainingsgelände, München - 15. Oktober 2014

4. Pass-Kombinations-Zirkel mit zweifachem Doppelpass, Lauf in die Tiefe und Abschluss

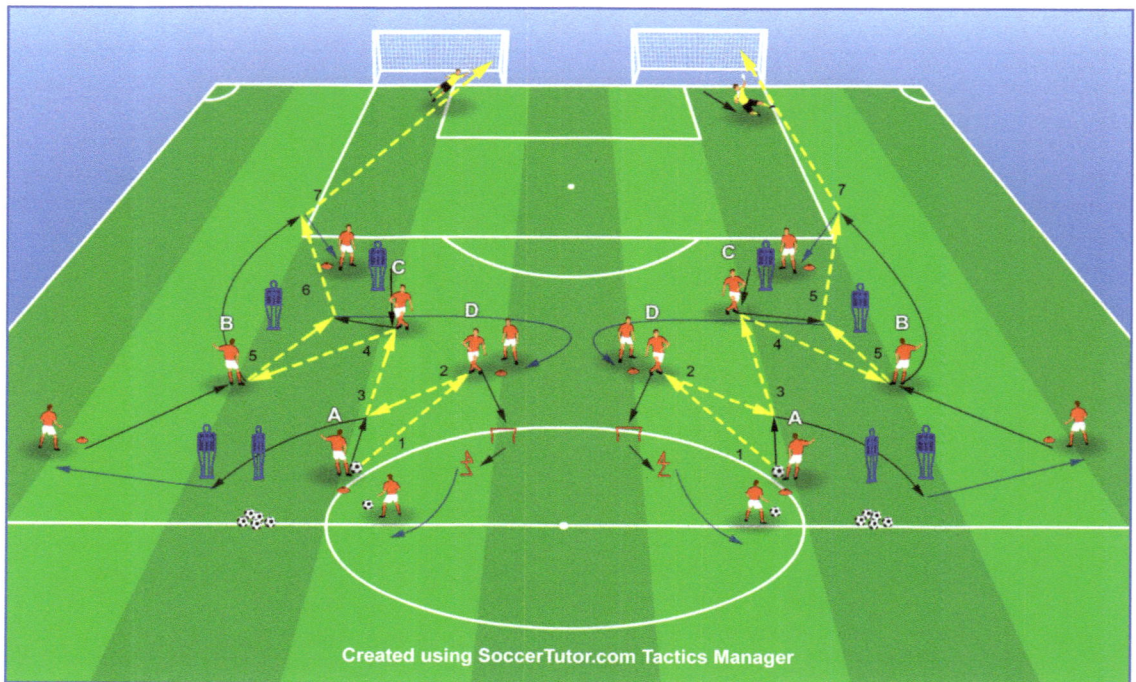

Created using SoccerTutor.com Tactics Manager

2 Gruppen mit je 8 Spielern arbeiten gleichzeitig, wobei alle Spieler meist nur einen Kontakt nutzen.

Beschreibung

1. Spieler A passt zu Spieler D.

2. Spieler D passt zurück zu Spieler A, während A sich nach vorne bewegt, Spieler D springt dann über die 2 Hürden.

3. Spieler A passt zu Spieler C, der sich fallen lässt. Spieler A macht dann schnelle Seitwärtsschritte durch die Dummys.

4. Spieler C legt den Ball für Spieler B ab, der sich von seinem Hütchen diagonal nach vorne bewegt.

5. Spieler B passt zurück zu C (Doppelpass).

6. Spieler C spielt den finalen Pass zu Spieler B, der mit einem gut getimten Lauf um den Dummy den Ball in der Bewegung annimmt.

7. Spieler B versucht, ein Tor zu erzielen.

8. Alle Spieler wechseln auf die nächste Position: A -> B -> C -> D -> A.

Quelle: Pep Guardiolas Bayern München Trainingseinheit, Säbener Strasse Trainingsgelände, München

5. Passen und Anbieten in einer Angriffskombination mit Ablage + Distanzschuss

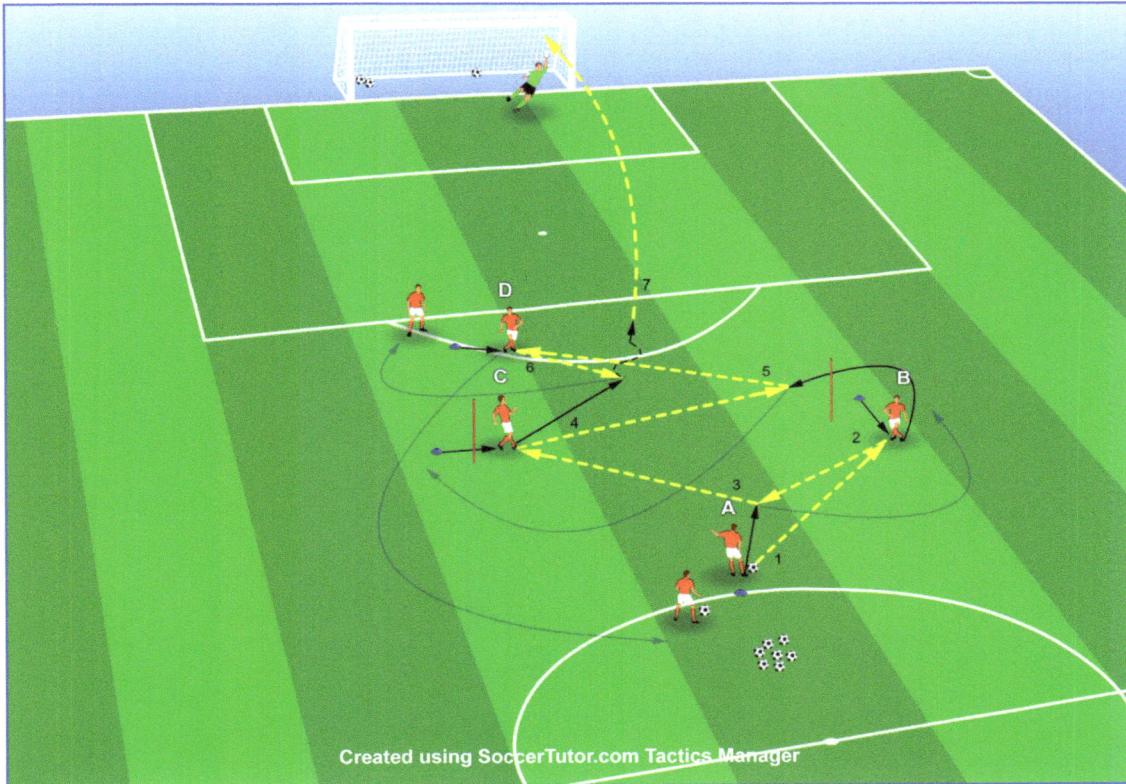

Created using SoccerTutor.com Tactics Manager

Beschreibung

1. Spieler A passt zu Spieler B, der sich vom Hütchen absetzt.

2. Spieler B passt zurück zu Spieler A, der sich nach vorne bewegt.

3. Spieler A passt zu Spieler C, der an der Stange vorbei geht.

4. Spieler C passt zu Spieler B, der um die Stange und das Hütchen läuft.

5. Spieler B passt zu Spieler D.

6. Spieler D legt auf Spieler C ab, damit dieser nach vorne laufen kann.

7. Spieler C erhält den Ball und schießt von außerhalb des 16ers.

8. Alle Spieler wechseln zur nächsten Position: A -> B -> C -> D -> A.

Quelle: Pep Guardiolas Bayern München Trainingseinheit, Säbener Strasse Trainingsgelände, München - 1. Februar 2016

6. Pass-Kombination mit zweifachem Doppelpass + Schuss außerhalb des 16ers

Created using SoccerTutor.com Tactics Manager

Beschreibung

1. Spieler A passt zum Trainer (in weiß).

2. Der Trainer spielt den Doppelpass zurück zu Spieler A.

3. Spieler A passt zu Spieler C.

4. Spieler C spielt einen diagonalen Pass zurück zu Spieler B, der sich vom Hütchen löst.

5. Spieler B passt rechts vom Dummy zu Spieler C.

6. Spieler C spielt den finalen Pass vor den Dummy in den Lauf von Spieler B.

7. Spieler B schießt von außerhalb des 16ers.

8. Alle Spieler wechseln auf die nächste Position: A -> B -> C -> A.

Quelle: Pep Guardiolas Bayern München Trainingseinheit, Säbener Strasse Trainingsgelände, München - 21. Mai 2015

7. Pass-Kombinationen um den 16er mit Abschluss

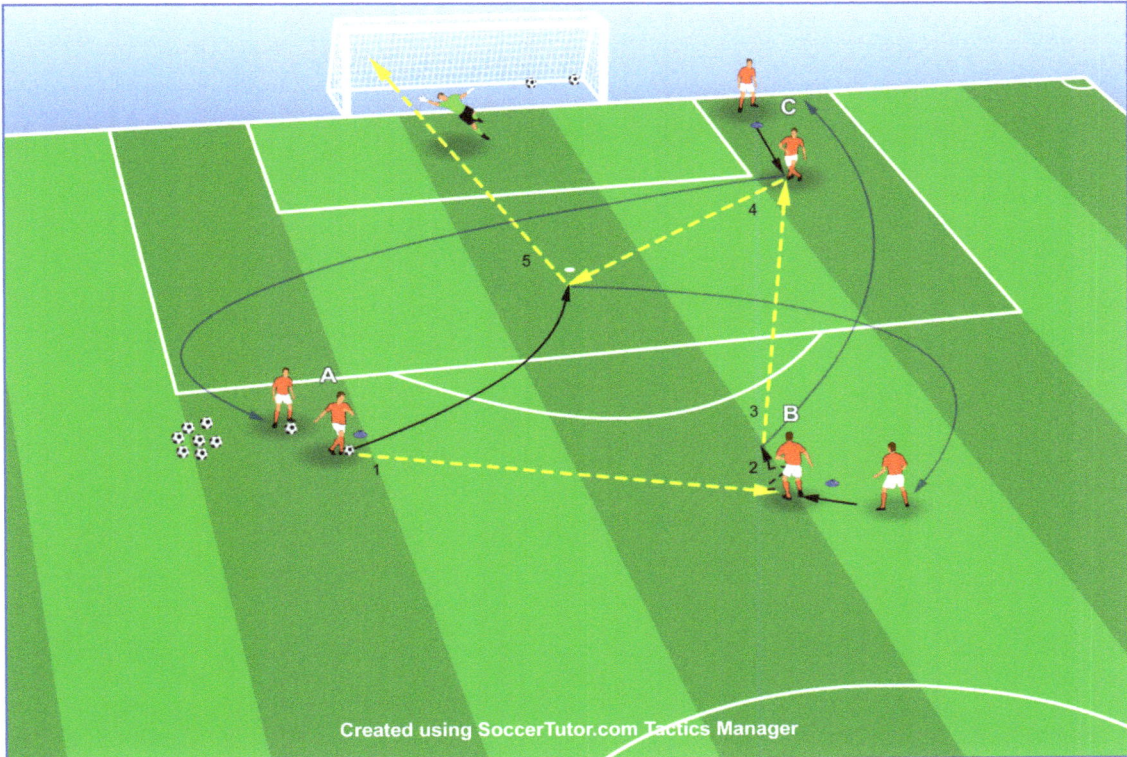

Created using SoccerTutor.com Tactics Manager

Beschreibung

1. Spieler A passt zurück zu Spieler B, der sich schräg vom Hütchen absetzt.

2. Spieler B nehmen den Ball in offener Stellung an.

3. Spieler B passt zu Spieler C, der sich vom Hütchen löst.

4. Spieler C passt in den Bereich um den Elfmeterpunkt.

5. Spieler A ist rechtzeitig in den Strafraum gelaufen und versucht, ein Tor zu erzielen.

6. Alle Spieler wechseln auf die nächste Position: A -> B -> C -> A.

Quelle: Pep Guardiolas Bayern München Trainingseinheit in Doha, Qatar – 11. Januar 2016

FC Barcelona Passübungen

Direkt aus Pep Guardiolas FC Barcelona Trainingseinheiten

"Ich hatte einen einzigartigen Meister. Ich bin mit Pep als Spieler sehr gewachsen und habe viel von ihm gelernt. Manche Trainer sind hervorragende Taktiker, aber Pep hat auch beschrieben, welche Spielzüge man auf dem Platz machen muss und was dann passieren wird. Und das tat es!"

(Lionel Messi)

1. Lösen und Anbieten im Pass-Quadrat

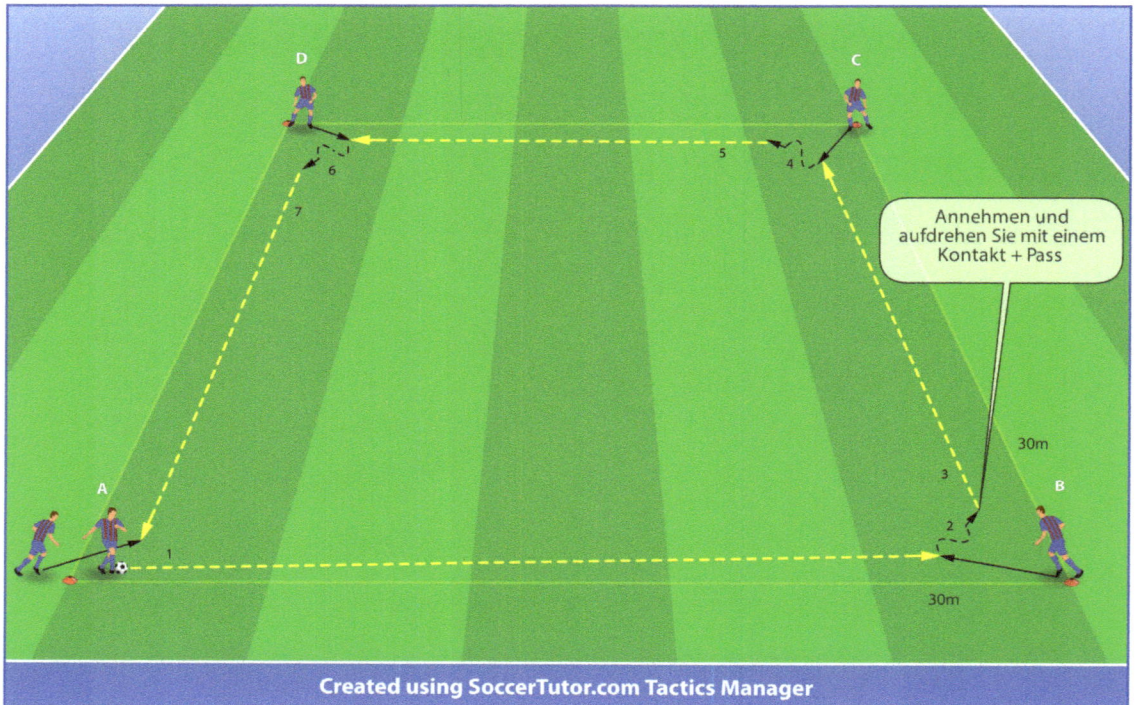

Annehmen und aufdrehen Sie mit einem Kontakt + Pass

30m

30m

Created using SoccerTutor.com Tactics Manager

Vor dieser Übung haben sich die Spieler 5 Minuten aufgewärmt und 3 Minuten gedehnt. Dies ist die 1. von 3 Varianten des Passspiels im Quadrat - Für Varianten 2 und 3 lesen Sie bitte die nächsten 2 Seiten.

Beschreibung

1. Spieler A passt zu Spieler B.

2. Spieler B nimmt eine offene Stellung ein und bekommt den Ball.

3. Spieler B passt zu Spieler C.

4. Spieler C nimmt eine offene Stellung ein und bekommt den Ball.

5. Spieler C passt zu Spieler D.

6. Spieler D nimmt eine offene Stellung ein und bekommt den Ball.

7. Spieler D spielt einen Pass zum Start (A) und die gleiche Sequenz wird fortgesetzt.

8. Alle Spieler wechseln zur nächsten Position: A -> B -> C -> D -> A.

Quelle: Pep Guardiolas Trainingseinheit von Barcelonas B team (2007-08)

SOCCER TUTOR.COM

2. Doppelpass und Anbieten in Pass Quadrat

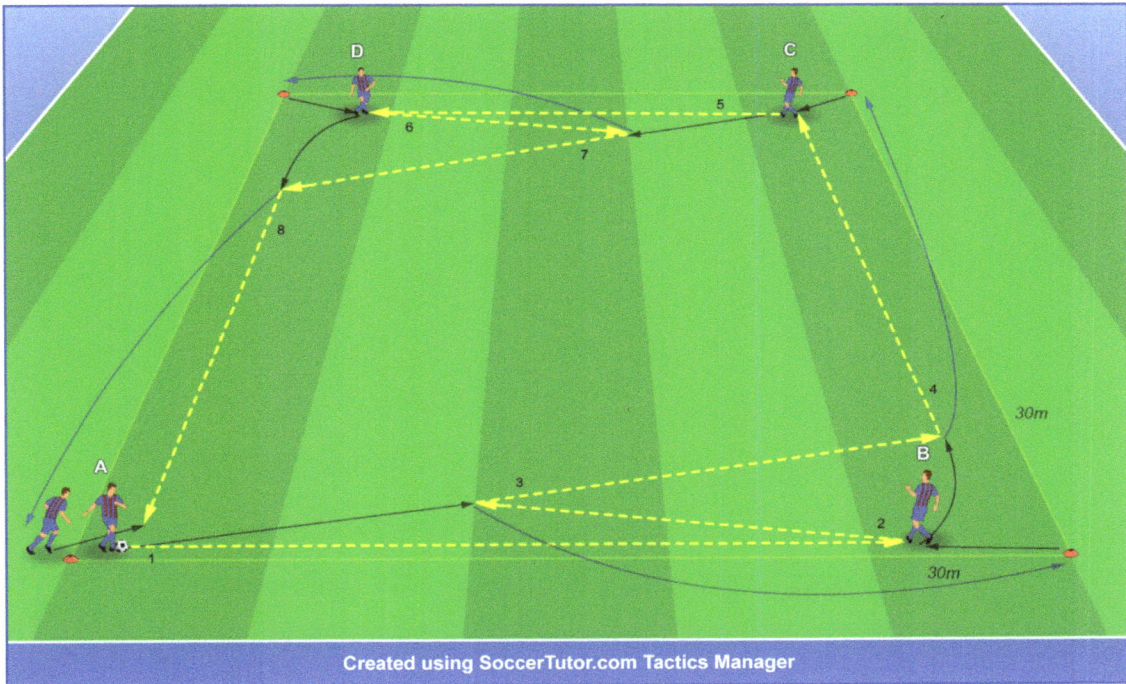

Created using SoccerTutor.com Tactics Manager

Die Spieler führen diese Übung 3 Minuten lang durch. Dies ist die 2. von 3 Variationen der Passübung - die 3. finden Sie auf der nächsten Seite.

Beschreibung

1. Spieler A passt zu Spieler B.

2. Spieler B spielt zurück zu A, der entgegenkommt (Doppelpass).

3. Spieler A passt wieder zu Spieler B, aufdreht, um den Ball in der Bewegung anzunehmen.

4. Spieler B spielt einen Pass zu Spieler C.

5. Spieler C spielt einen Pass zu Spieler D.

6. Spieler B spielt zurück zu A, der entgegenkommt (Doppelpass).

7. Spieler C passt wieder zu Spieler D, der aufdreht, um den Ball in der Bewegung anzunehmen.

8. Spieler D spielt einen Pass zum Start (A) und die gleiche Sequenz wird fortgesetzt.

9. Alle Spieler rotieren zur nächsten Position: A -> B -> C -> D -> A.

Quelle: Pep Guardiolas Trainingseinheit von Barcelonas B team (2007-08)

3. Pass Quadrat mit kurzem und mittlerem Kombinationsspiel

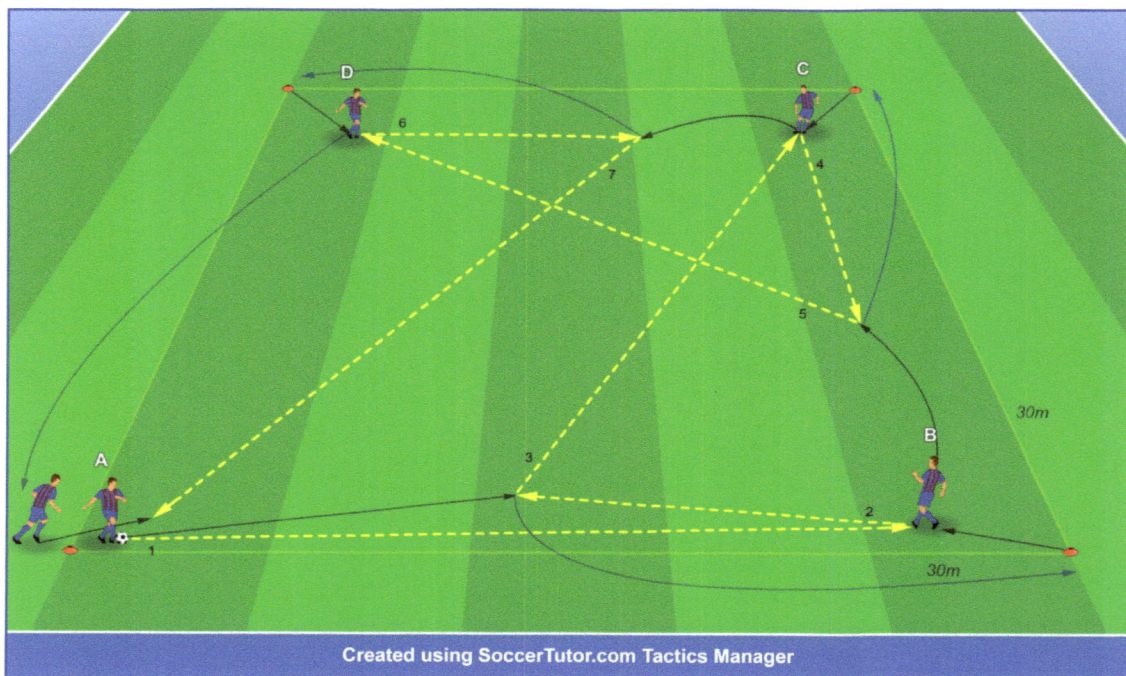

Created using SoccerTutor.com Tactics Manager

Die Spieler führen diese Übung 3 Minuten lang durch. Dies ist die 3. von 3 Variationen der Passübung.

Beschreibung

1. Spieler A passt zu Spieler B.

2. Spieler B spielt zurück zu A, der entgegenkommt (Doppelpass).

3. Spieler A spielt einen Pass zu Spieler C.

4. Spieler C spielt zurück zu B, der entgegenkommt (Doppelpass).

5. Spieler B passt zu Spieler D.

6. Spieler D spielt zurück zu C, der entgegenkommt (Doppelpass).

7. Spieler C spielt einen Pass zum Start (A) und die gleiche Sequenz wird fortgesetzt.

8. Alle Spieler rotieren zur nächsten Position: A -> B -> C -> D -> A.

Quelle: Pep Guardiolas Trainingseinheit von Barcelonas B team (2007-08)

4. Doppelpass und Anbieten im Pass-Dreieck

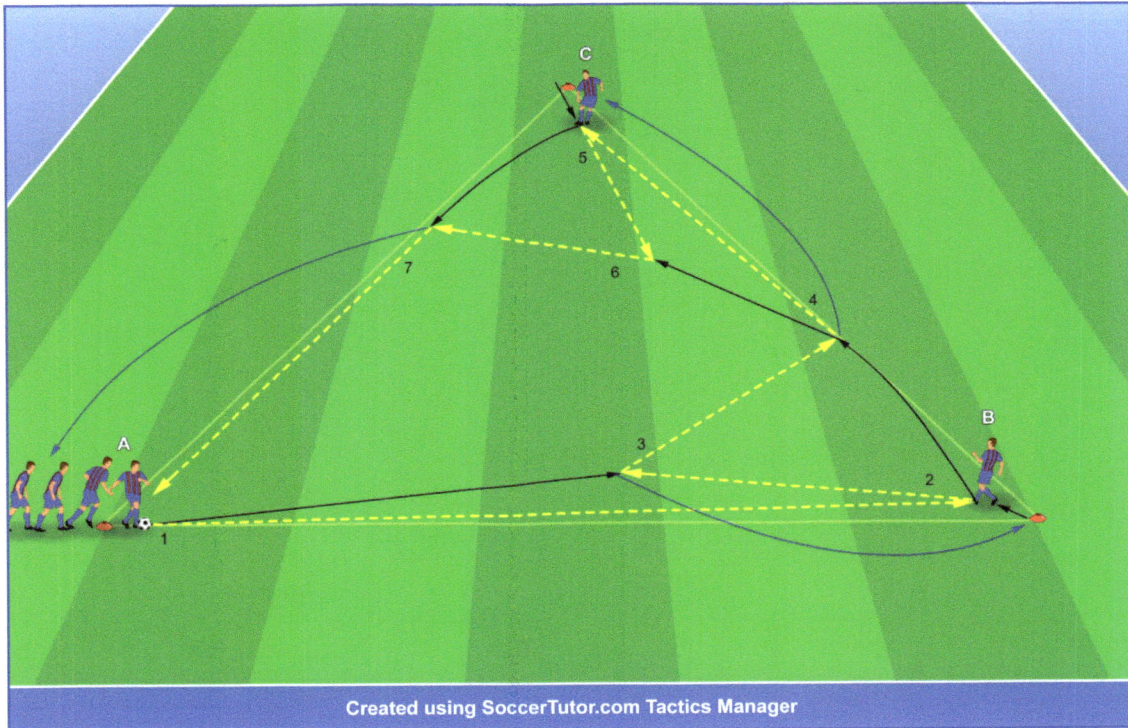

Created using SoccerTutor.com Tactics Manager

Die Spieler machen jeweils 3 Durchgänge gegen den Uhrzeigersinn und 3 Durchgänge im Uhrzeigersinn.

Beschreibung

1. Spieler A passt zu Spieler B.

2. Spieler B spielt zurück zu A, der entgegenkommt (Doppelpass).

3. Spieler A pass zu Spieler B, der dem Ball entgegenkommt.

4. Spieler B passt zu Spieler C.

5. Spieler C legt ab auf Spieler B.

6. Spieler B passt zu Spieler C, der dem Ball entgegenkommt.

7. Spieler C passt zum Start (A) und die gleiche Sequenz wird fortgesetzt.

8. Alle Spieler rotieren zur nächsten Position: A -> B -> C -> A.

Quelle: Pep Guardiolas Trainingseinheit von Barcelonas B team (2007-08)

5. Pass-Dreieck mit kurzem und mittlerem Kombinationsspiel

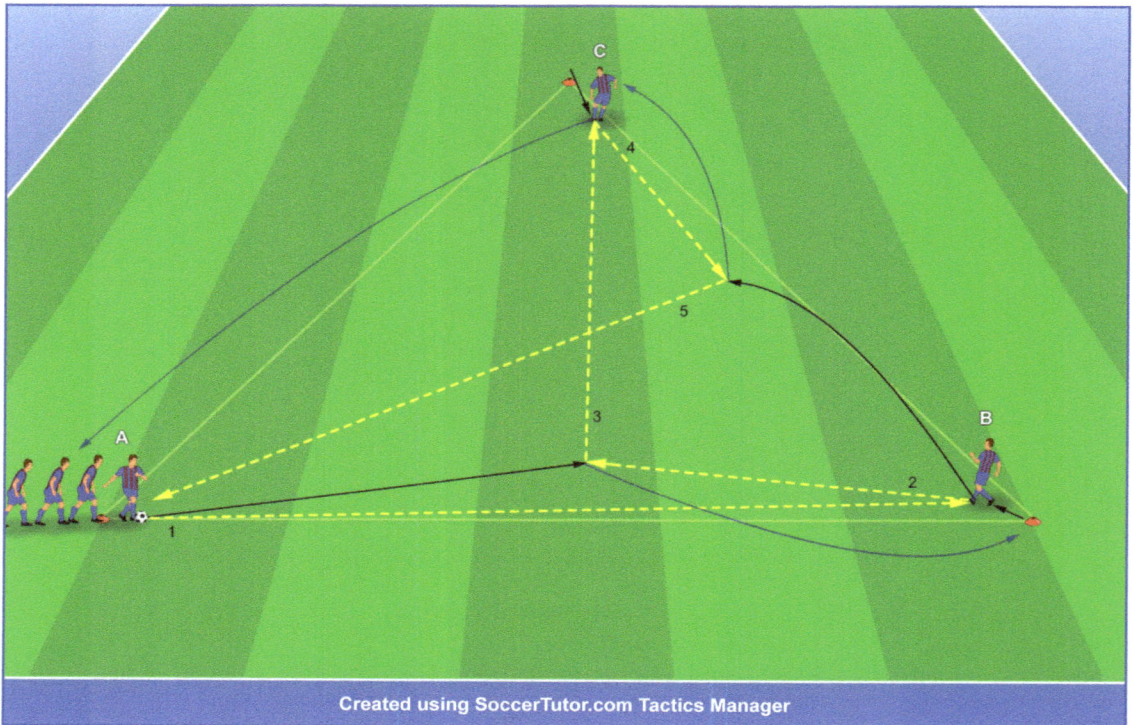

Created using SoccerTutor.com Tactics Manager

Die Spieler machen jeweils 3 Durchgänge gegen den Uhrzeigersinn und 3 Durchgänge im Uhrzeigersinn.

Beschreibung

1. Spieler A passt zu Spieler B.

2. Spieler B spielt zurück zu A, der entgegenkommt (Doppelpass).

3. Spieler A passt zu Spieler C.

4. Spieler C spielt zurück zu B, der entgegenkommt (Doppelpass).

5. Spieler B passt zum Start (A) und die gleiche Sequenz wird fortgesetzt.

6. Alle Spieler rotieren zur nächsten Position: A -> B -> C -> A.

Quelle: Pep Guardiolas Trainingseinheit von Barcelonas B team (2007-08)

6. Pass "Y" mit kurzem und mittlerem Kombinationsspiel und gut-getimten Bewegungen

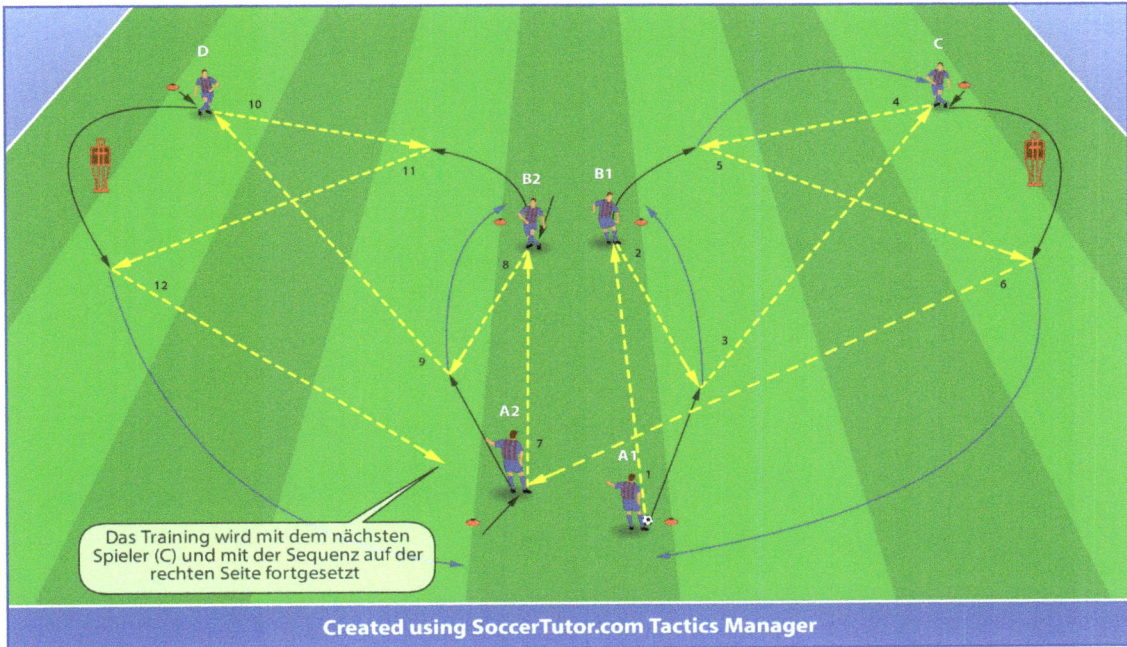

> Das Training wird mit dem nächsten Spieler (C) und mit der Sequenz auf der rechten Seite fortgesetzt

Created using SoccerTutor.com Tactics Manager

Beschreibung

1. Spieler A1 passt zu Spieler B1.
2. Spieler B1 spielt zurück zu A1, der entgegenkommt (Doppelpass).
3. Spieler A1 passt zu Spieler C1.
4. Spieler C spielt zu B1, der dem Ball entgegenkommt (Doppelpass).
5. Spieler B1 passt vor den Dummy, damit Spieler C den Ball im Lauf annehmen muss.
6. Spieler C passt zu Spieler A2.
7. Spieler A2 passt zu Spieler B2.
8. Spieler B2 spielt zurück zu A2, der entgegenkommt (Doppelpass).
9. Spieler A2 passt zu Spieler D.
10. Spieler D legt ab auf B2, der entgegenkommt (Doppelpass).
11. Spieler B2 passt vor den Dummy, damit D, den Ball erlaufen muss.
12. Spieler D passt zum nächsten Spieler, der wartet.
13. Alle Spieler rotieren zur nächsten Position: A -> B -> C -> D -> A.

Variationen

1. Die Spieler C/D dribbeln zur Startposition.
2. Die Spieler C/D dribbeln und versuchen in ein Mini-Tor oder ein großes Tor mit Torwart zu treffen.

Quelle: Pep Guardiolas Trainingseinheit von Barcelonas B team (2007-08)

7. Anbieten in Pass-Dreieck mit Flugball

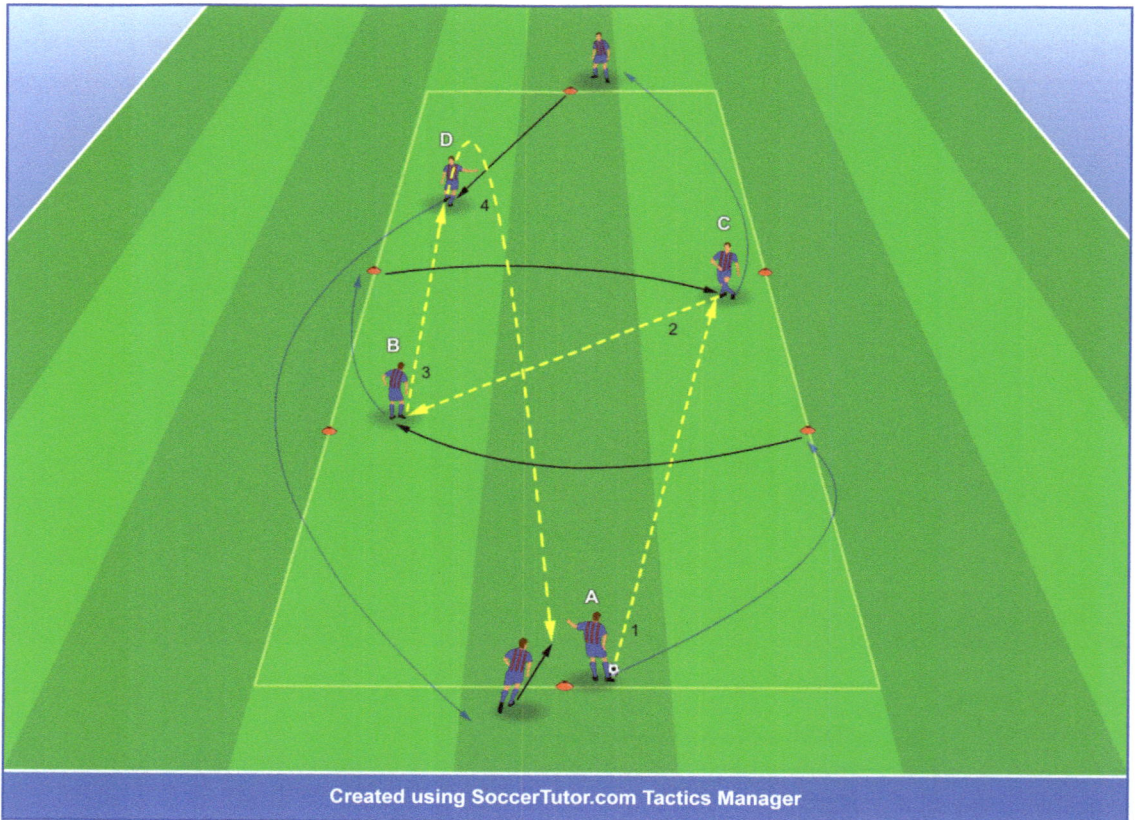

Created using SoccerTutor.com Tactics Manager

Jeder Spieler führt 6 volle Wiederholungen durch, gefolgt von einer 2-minütigen Pause - Eine Progression finden Sie auf der nächsten Seite.

Beschreibung

1. Spieler A passt zu Spieler C, der sich vom Hütchen auf der gegenüberliegenden Seite gelöst hat.

2. Spieler C passt zu Spieler B, der sich ebenfalls vom, aus Cs Sicht, gegenüberliegenden Hütchen gelöst hat.

3. Spieler B passt zu Spieler D, der sich diagonal von seinem Hütchen abgesetzt hat.

4. Spieler D einen Hohen Ball zum Start (A).

5. Alle Spieler rotieren zur nächsten Position: A -> B -> C -> D -> A.

Quelle: Pep Guardiolas Trainingseinheit von Barcelonas B team (2007-08)

8. Anbieten in Pass-Dreieck mit Flugball und Lauf in die Tiefe

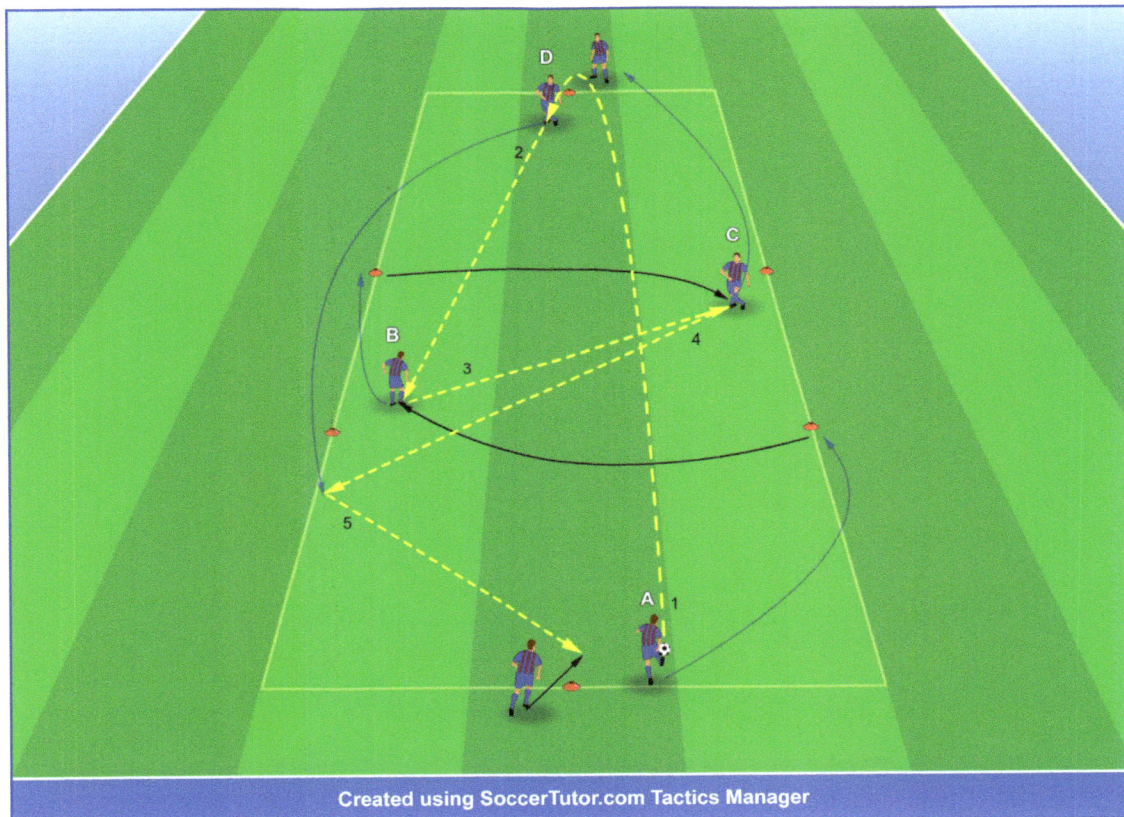

Created using SoccerTutor.com Tactics Manager

Jeder Spieler führt 6 volle Wiederholungen durch, gefolgt von einer 2-minütigen Pause - Eine Progression finden Sie auf der nächsten Seite.

Beschreibung

1. Spieler A spielt einen hohen Pass zu Spieler D.

2. Spieler D passt zu Spieler B, der sich vom gegenüberliegenden Hütchen gelöst hat.

3. Spieler B passt zu Spieler C, der sich wiederum vom gegenüberliegenden Hütchen abgesetzt hat.

4. Spieler C passt zu Spieler D, der auf Außen hinterläuft.

5. Spieler D passt zum Start (A).

6. Alle Spieler rotieren zur nächsten Position: A -> B -> C -> D -> A.

Quelle: Pep Guardiolas Trainingseinheit von Barcelonas B team (2007-08)

SOCCER TUTOR .COM

9. Anbieten in Pass-Dreieck mit komplexem Kurzpass-Spiel

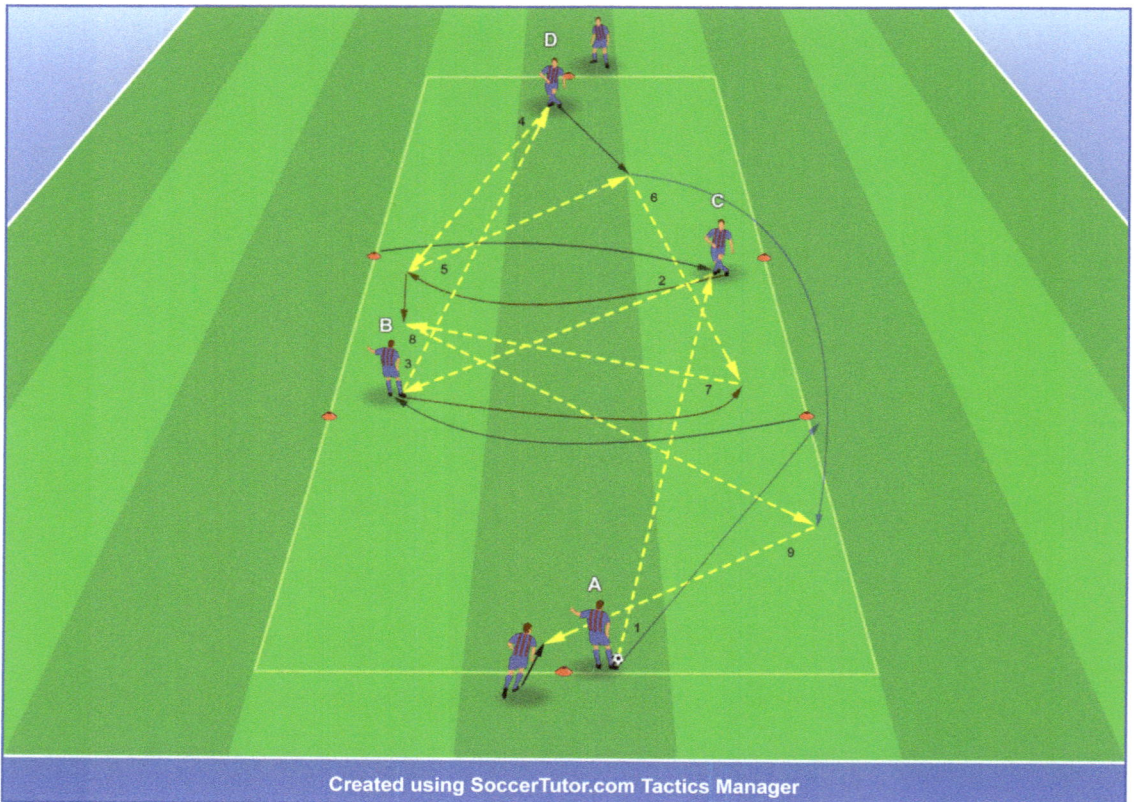

Created using SoccerTutor.com Tactics Manager

Jeder Spieler führt 6 volle Wiederholungen durch, gefolgt von einer 2-minütigen Pause.

Beschreibung

1. Spieler A passt zu Spieler C, der sich vom Hütchen auf der gegenüberliegenden Seite gelöst hat.

2. Spieler C passt zu Spieler B, der sich ebenfalls vom, aus Cs Sicht, gegenüberliegenden Hütchen gelöst hat.

3. Spieler B passt zu Spieler D.

4. Spieler D passt zu Spieler C, der sich erneut

vom Hütchen auf der anderen Seite löst

5. Spieler C passt in den Lauf zu Spieler D.

6. Spieler D passt zu Spieler B, der sich erneut vom Hütchen auf der anderen Seite löst.

7. Spieler B passt zu Spieler C.

8. Spieler C passt zu Spieler D, der auf Außen hinterläuft.

9. Spieler D passt zum Start (A).

10. Alle Spieler rotieren zur nächsten Position: A -> B -> C -> D -> A.

Quelle: Trainingseinheiten von Pep Guardiola vom Team Barcelona B (2007-08)

10. Annahme, Vorwärts-Dribbling und Schuss außerhalb des 16ers

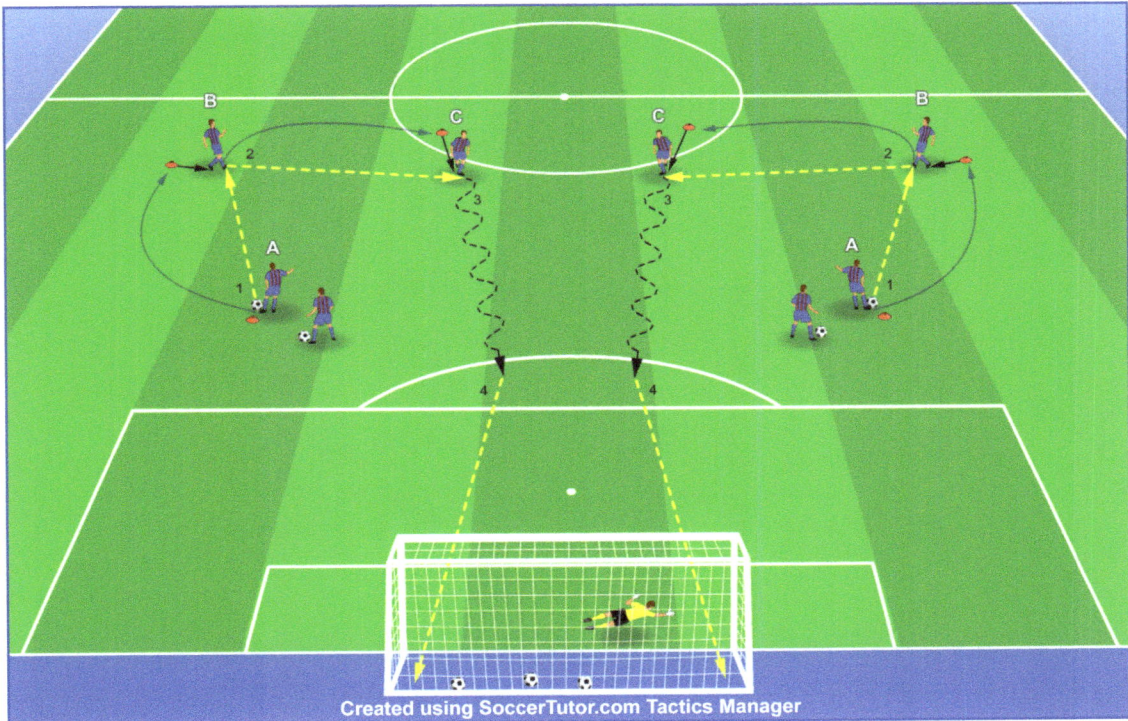

Created using SoccerTutor.com Tactics Manager

Vor dieser Übung haben sich die Spieler 5 Minuten aufgewärmt und 3 Minuten gedehnt. Dies ist die 1. von 3 Varianten des Passspiels im Quadrat - Für Varianten 2 und 3 lesen Sie bitte die nächsten 2 Seiten.

Beschreibung

1. Spieler A passt zu Spieler B.

2. Spieler B passt zu Spieler C, der sich vom Hütchen lost und den Ball in der Bewegung annimmt.

3. Spieler C dribbelt mit Geschwindigkeit nach vorne.

4. Spieler C schießt von außerhalb des 16ers.

5. Alle Spieler rotieren zur nächsten Position: A -> B -> C -> A.

Quelle: Pep Guardiolas Trainingseinheit von Barcelonas B team (2007-08)

11. Kurzpass-Kombination + Vorwärts Dribbling und Schuss außerhalb des 16ers

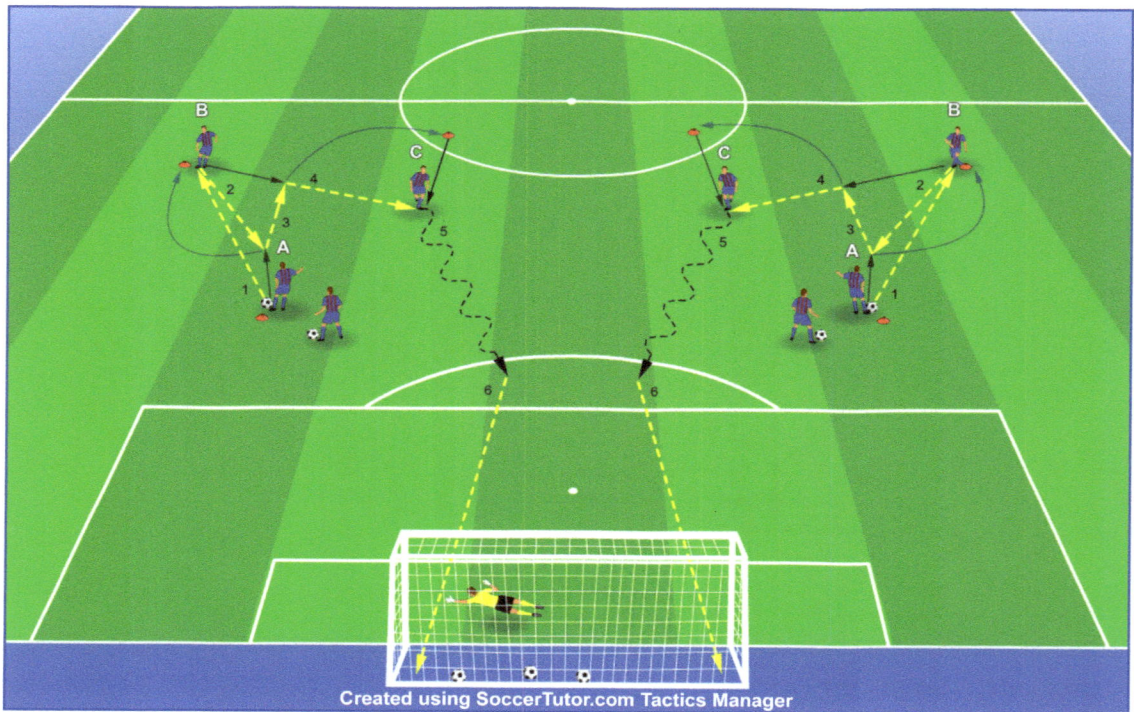

Created using SoccerTutor.com Tactics Manager

Die Spieler führen diese Übung 3 Minuten lang durch. Dies ist die 2. von 3 Variationen der Passübung - die 3. finden Sie auf der nächsten Seite.

Beschreibung

1. Spieler A passt zu Spieler B.

2. Spieler B spielt zurück zu A, der entgegenkommt (Doppelpass).

3. Spieler A passt zu Spieler B, der dem Ball entgegenkommt.

4. Spieler B passt zu Spieler C, der sich vom Hütchen absetzt und den Ball im Lauf annimmt.

5. Spieler C dribbelt mit Geschwindigkeit nach vorne.

6. Spieler C schießt von außerhalb des 16ers.

7. Alle Spieler rotieren zur nächsten Position: A -> B -> C -> A.

Quelle: Pep Guardiolas Trainingseinheit von Barcelonas B team (2007-08)

12. Kurzpass-Kombination + Vorwärtslauf und Ball in die Tiefe + Schuss außerhalb des 16ers

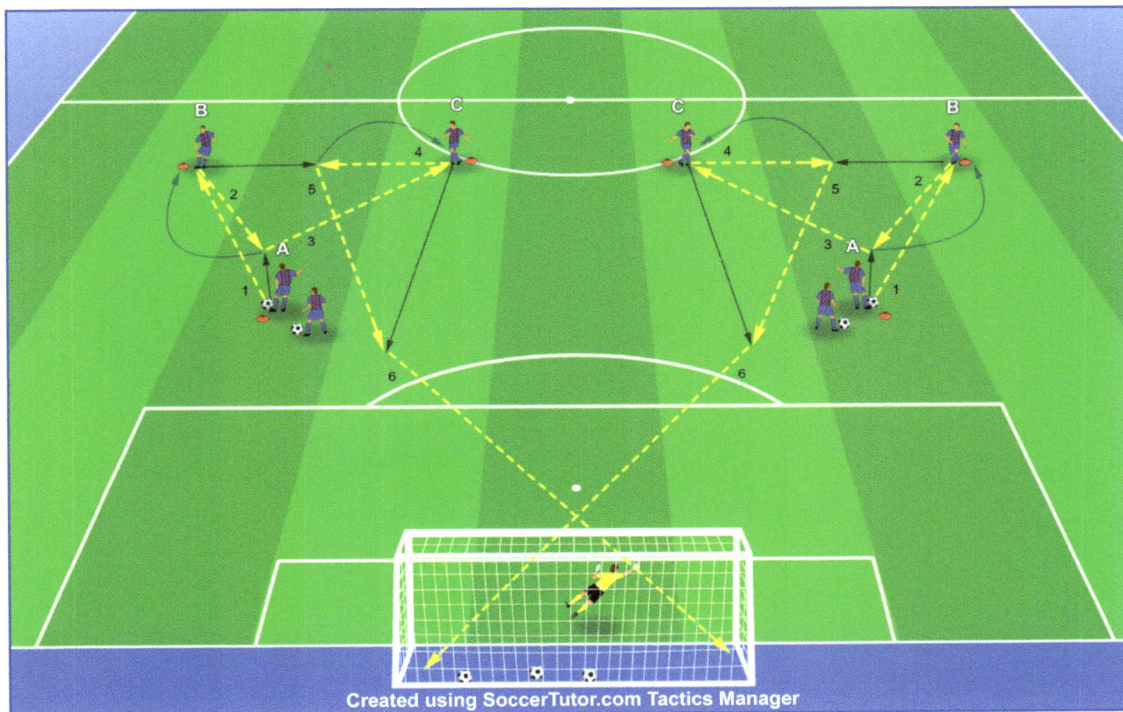

Created using SoccerTutor.com Tactics Manager

Dies ist die 3. von 3 Variationen der Passübung.

Beschreibung

1. Spieler A passt zu Spieler B.

2. Spieler B spielt zurück zu A, der entgegenkommt (Doppelpass).

3. Spieler A passt zu Spieler C.

4. Spieler C pass zu Spieler B, dem Ball entgegenkommt.

5. Spieler B pass vor Spieler C, so dass dieser dem Ball schnell entgegenkommen muss.

6. Spieler C schießt von außerhalb des 16ers.

7. Alle Spieler rotieren zur nächsten Position: A -> B -> C -> A.

Quelle: Pep Guardiolas Trainingseinheit von Barcelonas B team (2007-08)

Rondos

Direkt aus Pep Guardiolas Trainingseinheiten

"Alles, was in einem Spiel passiert, mit Außnahme von Schießen, kann man in einem Rondo machen. Der Wettbewerbsaspekt, das Kämpfen um Räume zu schaffen, das Verhalten bei Ballbesitz und das Verhalten ohne Ball, wie man One-Touch-Fußball spielt, wie man sich aus enger Verteidigung befreit und wie man den Ball zurückerobert."

Johan Cruyff
(Legendärer ehemaliger Spieler/Cheftrainer von Ajax und FC Barcelona)

1. 3v1 Boden und Luft Dreieck Rondos

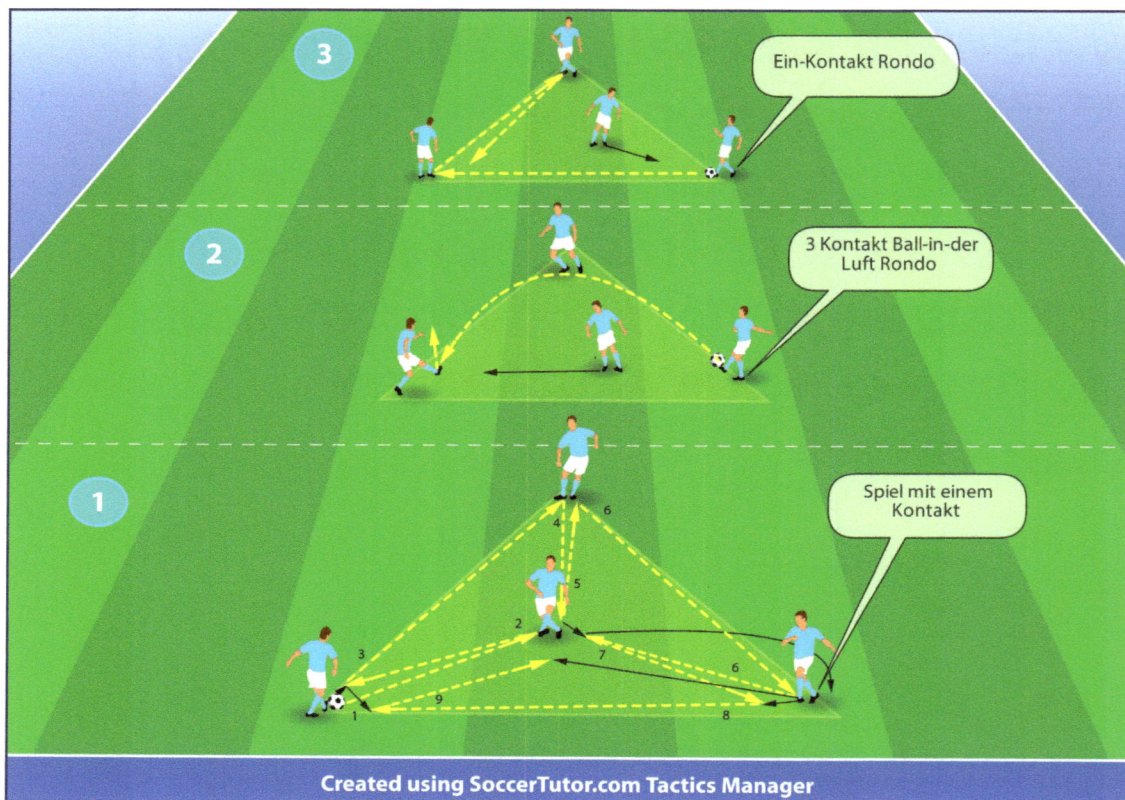

Created using SoccerTutor.com Tactics Manager

Phase 1 (Warm-up)

- Die Spieler arbeiten in 4er-Gruppen und bilden ein Dreieck mit 1 Spieler in der Mitte. Die Außenspieler sind etwa 4-5m voneinander entfernt.

- Der mittlere Spieler spielt entweder nur einen Pass zu den verschiedenen Außenspielern oder einen Doppelpass mit jedem Außenspieler.

- Nach ein paar Pässen tauscht der mittlere Spieler die Rolle mit einem Außenspieler und das Passspiel geht weiter.

- Die Spielrichtung wird variiert und wechselt oft zwischen mit dem Uhrzeigersinn und gegen den Uhrzeigersinn.

Phase 2 (3 Berührungen Luft-Rondo)

- Die Spieler spielen ein Hochhalt-Rondo und versuchen, genau 3 Kontakte zu machen (2 Jonglieren + 1 für den Pass in der Luft). Nur wenn dies nicht möglich ist, verwenden sie 1 oder 2 Kontakte.

Phase 3 (Normales Rondo)

- Die Spieler spielen ein normales 3v1 Rondo, hauptsächlich mit einem Kontakt.

Quelle: Pep Guardiolas Manchester City Trainingseinheit, Etihad Campus Training Ground, Manchester - 17. August 2018

2. 4 v 2 Quadrat Rondo

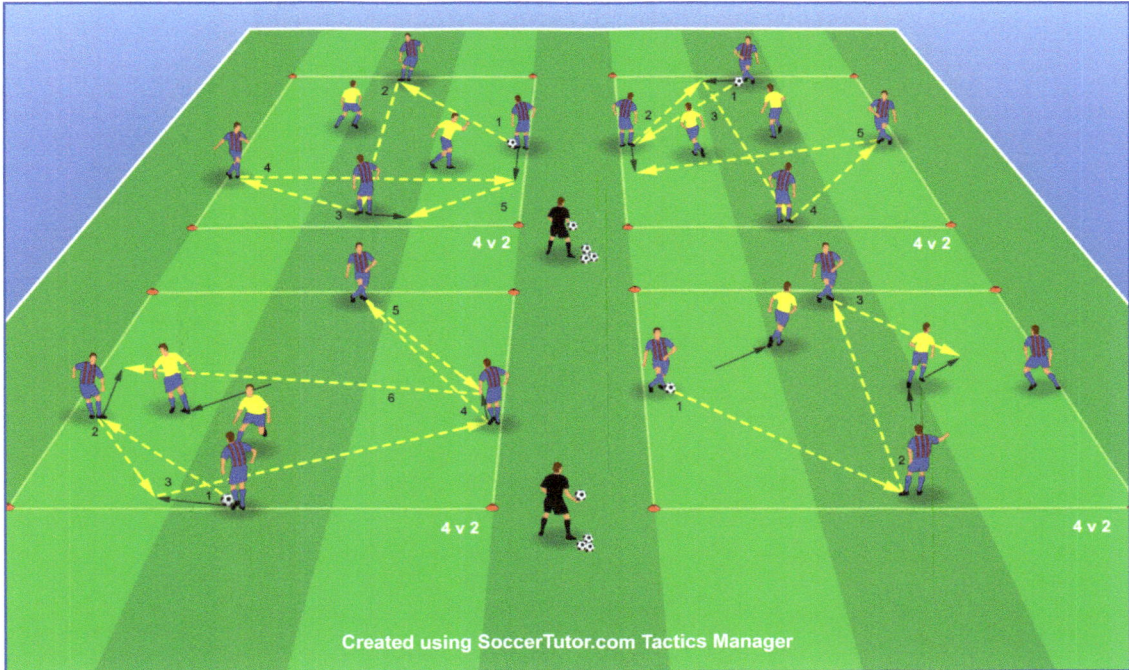

Created using SoccerTutor.com Tactics Manager

Beschreibung

- Die Spieler arbeiten in 6er-Gruppen in einem 10x10m großen Bereich.

- Auf jeder Seite des Feldes befindet sich ein Spieler der Ballbesitzmannschaft. Sie befinden sich an den Außenseiten, müssen aber innerhalb des Feldes spielen.

- Die 4 Außenspieler versuchen, den Ball zu halten, indem sie ihn nur einmal berühren.

- Die 2 Spieler in der Mitte (Gelb) arbeiten zusammen, um die Winkel zu schließen und den Ball zu gewinnen.

- Der Spieler, der den Ball verliert, tauscht die Rollen mit dem Spieler, der den Ball gewinnt.

Quelle: Pep Guardiolas Trainingseinheit von Barcelonas B team (2007-08)

3. 4 v 2 Rechteck Rondo

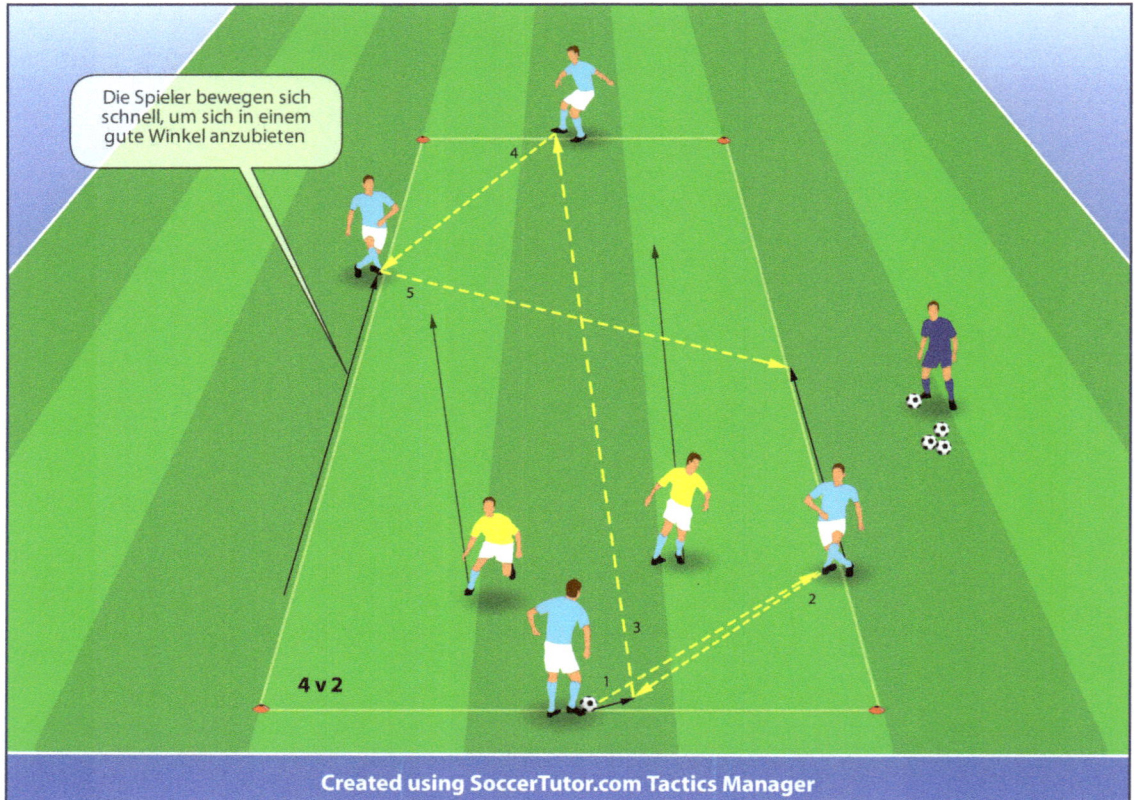

> Die Spieler bewegen sich schnell, um sich in einem gute Winkel anzubieten

Beschreibung

- Die Spieler arbeiten in 6er-Gruppen auf einer Fläche von 3x10m.

- Es gibt 1 Spieler in der Ballbesitzmannschaft auf jeder Seite des Rechtecks. Sie sind außen positioniert, müssen aber trotzdem innerhalb des Bereichs spielen.

- Die 4 Außenspieler versuchen, den Ballbesitz zu halten, hauptsächlich mit 1-2 Berührungen.

- Die 2 Spieler an den Seiten arbeiten hart daran, Winkel für die Spieler an den Enden zu schaffen, indem sie sich ständig auf und ab bewegen.

- Die 2 Innenspieler (Gelb) arbeiten zusammen, um zu versuchen, die Winkel zu schließen und den Ball zu gewinnen.

- Der Spieler, der den Ball verliert, tauscht die Rollen mit dem Spieler, der den Ball gewinnt.

Quelle: Pep Guardiolas Manchester City Trainingseinheit, Etihad Campus Training Ground, Manchester

"Bei Rondos denken die Leute immer noch, dass wir das nur zum Spaß machen. Nein! Es ist eine unglaubliche Übung. Du benutzt beide Füße, schaust in Richtung der zweiten Linie, gibst einen Pass nach innen, lockst deinen Gegner an und dann, wenn er nahe bei dir ist, pam! Du spielst ihn auf die andere Seite... Es ist endlos. Es ist eine Übung, die unendlich viele Möglichkeiten bietet."

"Ein Rondo ist keine Spielerei. Es geht um den linken Fuß, den rechten Fuß, das Beobachten, die offenen Räume, das Finden eines Weges aus dem Druck heraus, das Überlegen, wie man an demjenigen vorbeikommt, der einen bedrängt, zu dem, der frei geworden ist. Das Rondo ist großartig."

Xavi
(Legendärer Ex- FC Barcelona und Spanischer Nationalspieler)

4. 5 v 2 Quadrat Rondo

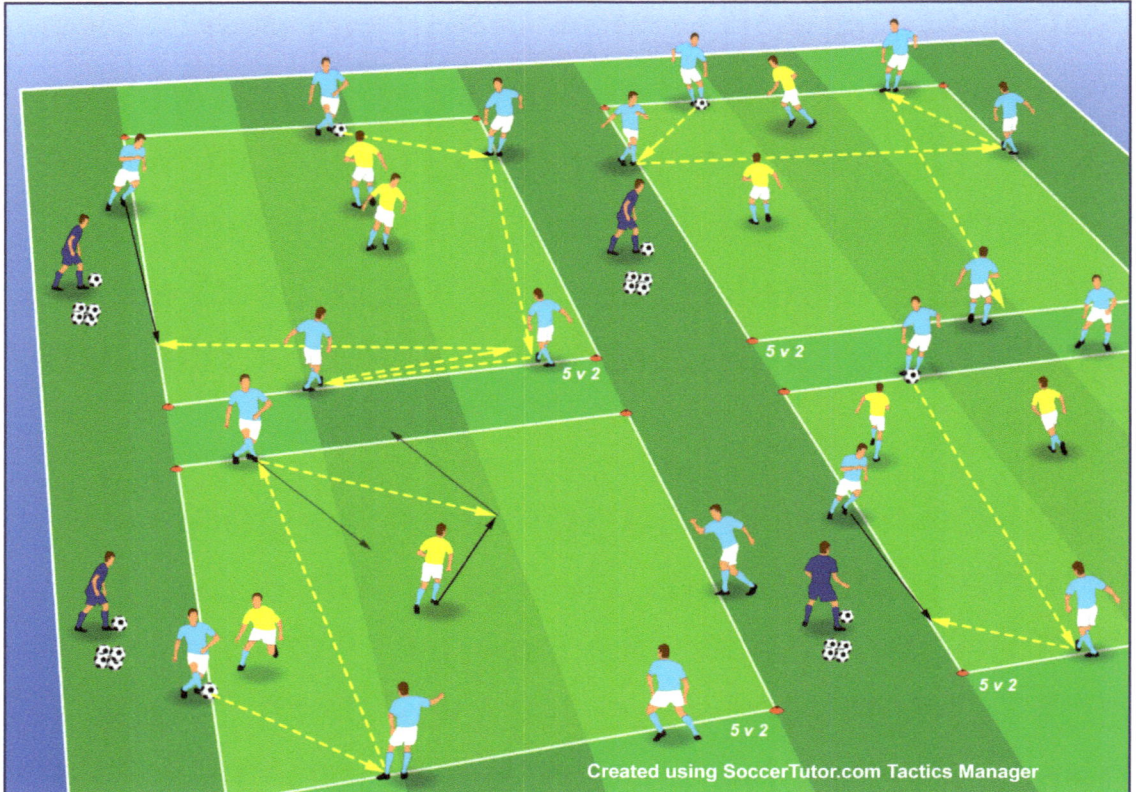

Created using SoccerTutor.com Tactics Manager

Beschreibung

- Die Spieler arbeiten in 7er-Gruppen in einem 10x10m großen Feld.

- Die Ballbesitzmannschaft besteht aus 2 Spielern auf einer Seite und 1 Spieler auf jeder der anderen 3 Seiten. Sie befinden sich an den Außenseiten, müssen aber trotzdem innerhalb des Feldes spielen.

- Die 5 Außenspieler versuchen, in Ballbesitz zu bleiben, wobei sie versuchen, den Ball nur einmal zu berühren.

- Die 2 Spieler im Feld (Gelb) arbeiten zusammen, um die Winkel zu schließen und den Ball zu gewinnen.

- Der Spieler, der den Ball verliert, tauscht die Rollen mit dem Spieler, der den Ball gewinnt.

Quelle: Pep Guardiolas Manchester City Trainingseinheit, Etihad Campus Training Ground, Manchester - 12 Februar 2018

5. 6 v 2 Rechteck Rondo

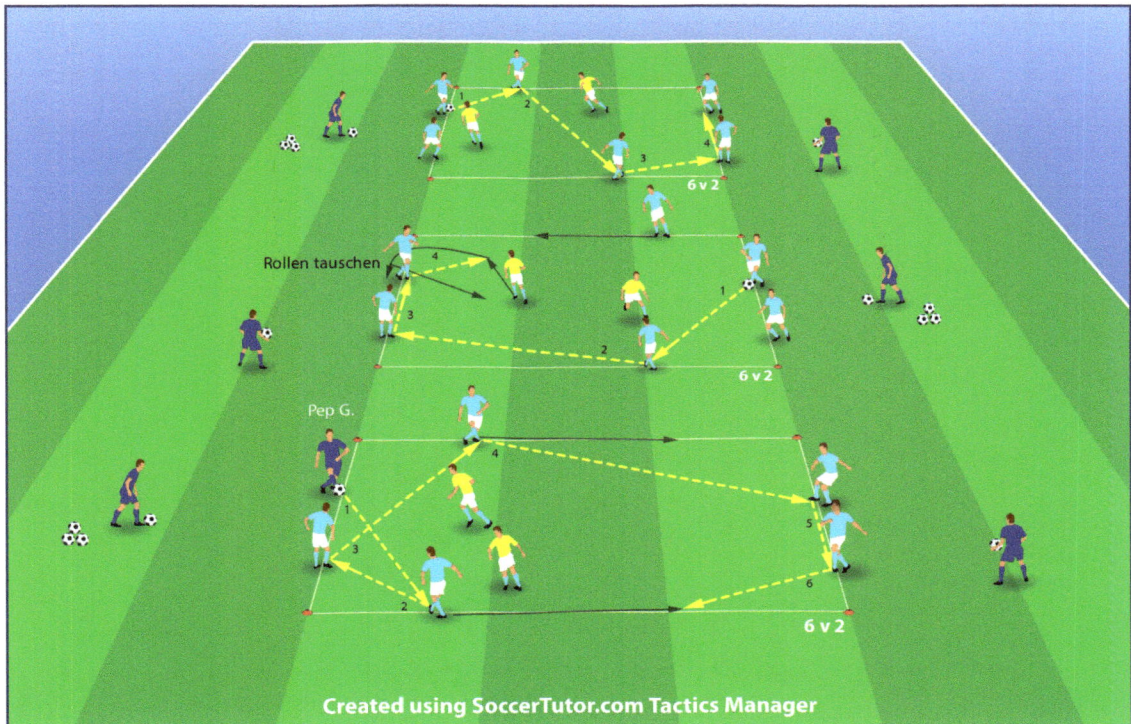

Created using SoccerTutor.com Tactics Manager

Beschreibung

- Die Spieler arbeiten in Gruppen von 8 Spielern in einem 5x10m großen Feld.

- Für die Ballbesitzmannschaft stehen jeweils 2 Spieler auf den beiden kürzeren Seiten und 1 Spieler auf den beiden längeren Seiten. Sie befinden sich an den Außenseiten, müssen aber innerhalb des Spielfelds spielen.

- Die 6 Außenspieler versuchen, in Ballbesitz zu bleiben, indem sie versuchen, den Ball nur einmal zu berühren.

- Die 2 Spieler an den Seiten arbeiten hart daran, Winkel für die Spieler an den Enden zu schaffen, indem sie sich ständig auf und ab bewegen.

- Die 2 Spieler im Feld (Gelbe) arbeiten zusammen, um die Winkel zu schließen und den Ball zu gewinnen.

- Der Spieler, der den Ball verliert, tauscht die Rollen mit dem Spieler, der den Ball gewinnt.

Quelle: Pep Guardiolas Manchester City Trainingseinheit, Etihad Campus Training Ground, Manchester – Vorbereitung 2016

6. 7 v 2 Quadrat Rondo

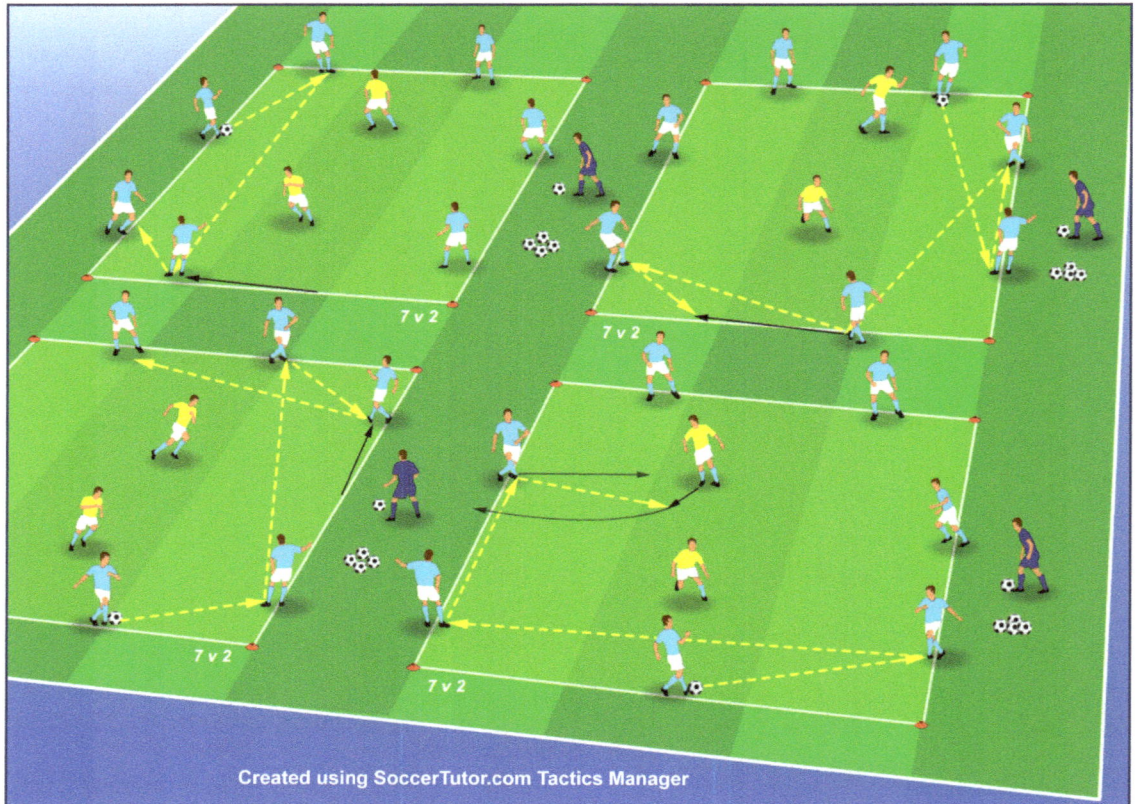

Created using SoccerTutor.com Tactics Manager

Beschreibung

- Die Spieler arbeiten in Gruppen von 9 Spielern in einem 10x10m großen Feld.

- Für die Ballbesitz-Mannschaft stehen 2 Spieler auf 3 der Seiten und 1 Spieler auf der vierten Seite. Sie befinden sich an den Außenseiten, müssen aber innerhalb des Feldes spielen.

- Die 7 Außenspieler versuchen, in Ballbesitz zu bleiben, wobei sie versuchen, den Ball nur einmal zu berühren.

- Die 2 Spieler im Feld (Gelbe) arbeiten zusammen, um die Winkel zu schließen und den Ball zu gewinnen.

- Der Spieler, der den Ball verliert, tauscht die Rollen mit dem Spieler, der den Ball gewinnt.

Quelle: Pep Guardiolas Manchester City Trainingseinheit, Etihad Campus Training Ground, Manchester – Vorbereitung 2016

"Juego de Posición" (Positionsspiel) und Ballbesitzspiele

Direkt aus Pep Guardiolas Trainingseinheiten

"Die Grundlagen, was ich will, ist, den Ball zu besitzen und so offensiv wie möglich zu spielen und das Spiel mit dem Ball zu dominieren. Damit bin ich aufgewachsen; als Spieler hatte ich diese Auffassung, und als Trainer habe diese auch."

PEP GUARDIOLAS POSITIONSSPIEL (JUEGO DE POSICIÓN)

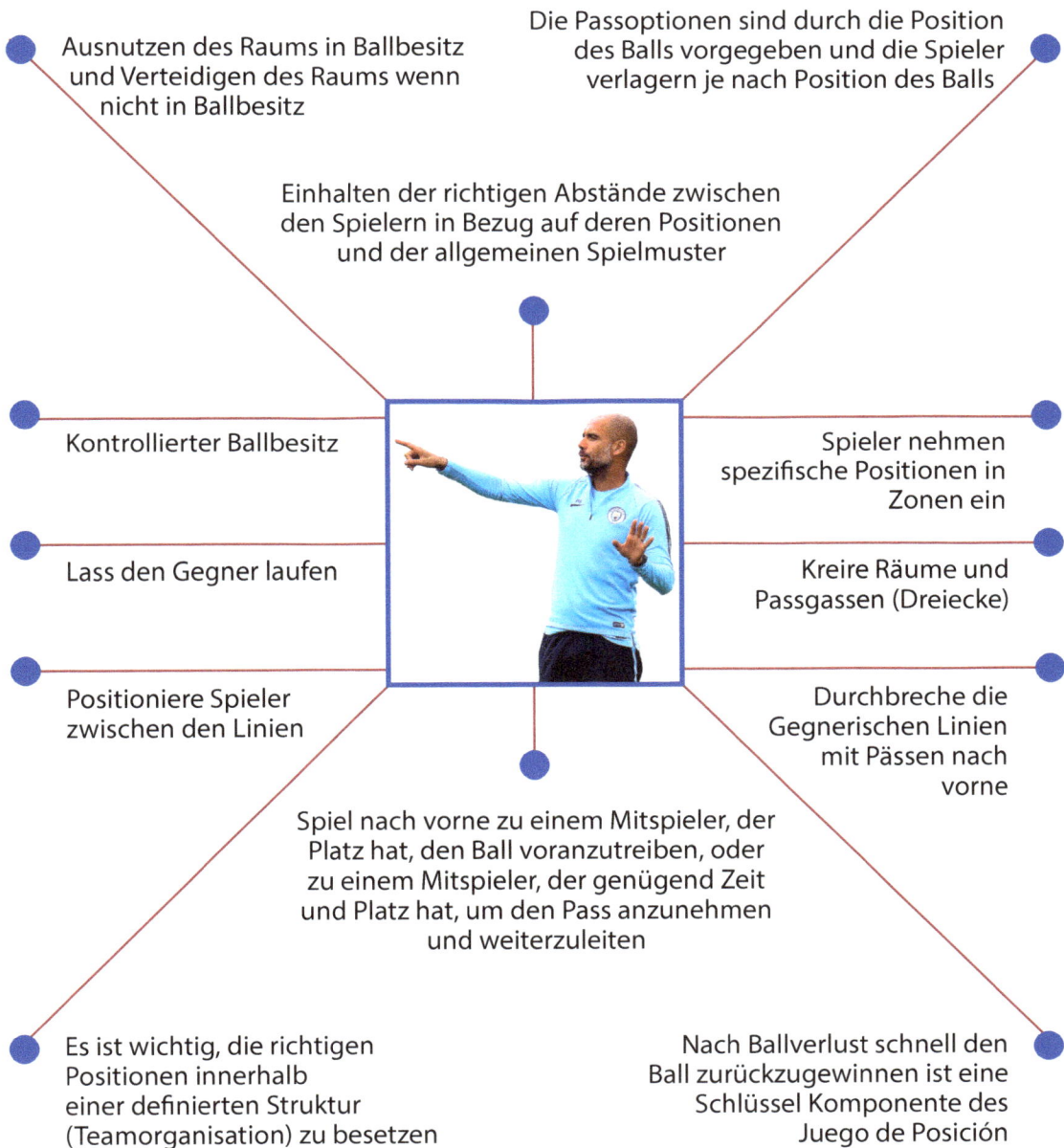

Ausnutzen des Raums in Ballbesitz und Verteidigen des Raums wenn nicht in Ballbesitz

Die Passoptionen sind durch die Position des Balls vorgegeben und die Spieler verlagern je nach Position des Balls

Einhalten der richtigen Abstände zwischen den Spielern in Bezug auf deren Positionen und der allgemeinen Spielmuster

Kontrollierter Ballbesitz

Spieler nehmen spezifische Positionen in Zonen ein

Lass den Gegner laufen

Kreire Räume und Passgassen (Dreiecke)

Positioniere Spieler zwischen den Linien

Durchbreche die Gegnerischen Linien mit Pässen nach vorne

Spiel nach vorne zu einem Mitspieler, der Platz hat, den Ball voranzutreiben, oder zu einem Mitspieler, der genügend Zeit und Platz hat, um den Pass anzunehmen und weiterzuleiten

Es ist wichtig, die richtigen Positionen innerhalb einer definierten Struktur (Teamorganisation) zu besetzen

Nach Ballverlust schnell den Ball zurückzugewinnen ist eine Schlüssel Komponente des Juego de Posición

Quelle: Luca Bertolini, UEFA B Trainer Lizenz und Autor vieler Fußball Bücher - **www.lucamistercalcio.com**

1. High Intensity "Juego de Posición" 3 v 3 (+2) Ballbesitz- und Umschaltspiel

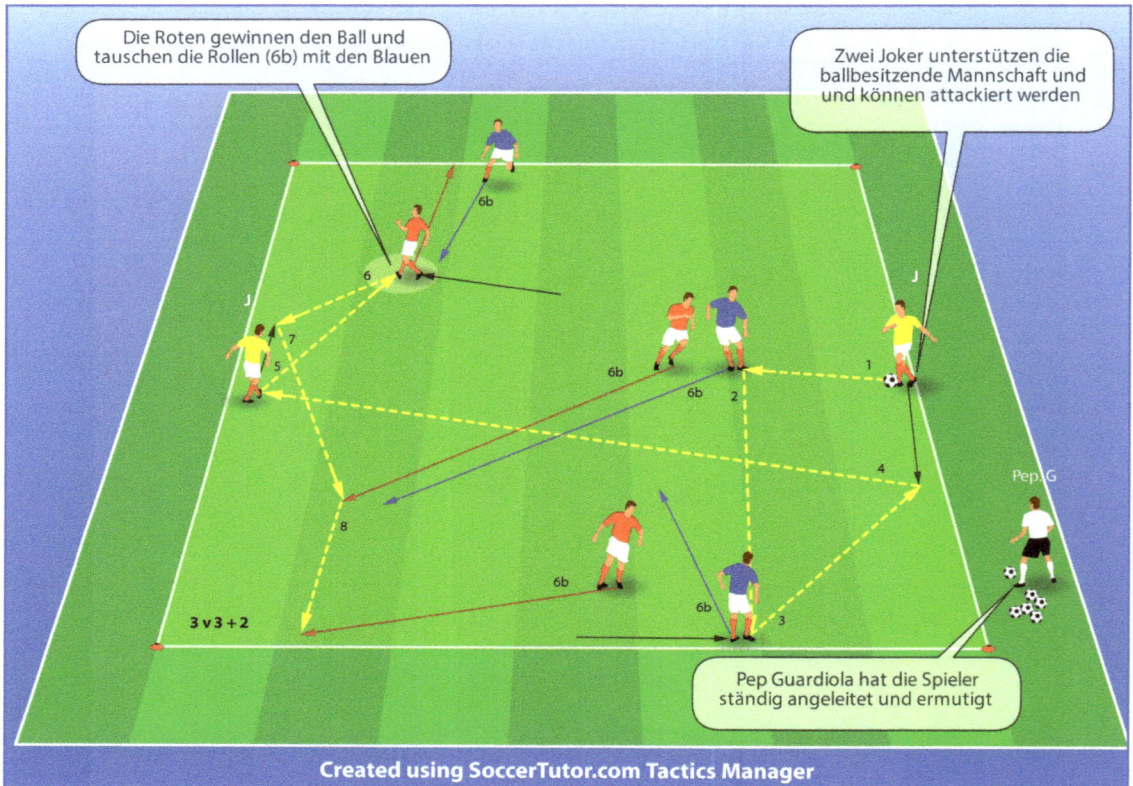

Die Roten gewinnen den Ball und tauschen die Rollen (6b) mit den Blauen

Zwei Joker unterstützen die ballbesitzende Mannschaft und und können attackiert werden

Pep Guardiola hat die Spieler ständig angeleitet und ermutigt

3 v 3 +2

Created using SoccerTutor.com Tactics Manager

Beschreibung

- In einem 12x12m großen Feld gibt es 2 Teams mit je 3 Spielern (blau und rot) + 2 gelbe Neutrale, die mit dem Team in Ballbesitz spielen.

- An jedem Ende steht ein blauer Spieler + ein Spieler Innen, und alle 3 roten Spieler beginnen innerhalb des Feldes. Außerdem gibt es auf jeder Seite 1 gelben Neutralen.

- Die Übung beginnt mit dem Trainer (oder einem Neutralen) und die blaue Mannschaft versucht, mit Hilfe der 2 gelben Neutralen den Ballbesitz zu halten.

- Die rote Mannschaft arbeitet zusammen (Pressing), um die Winkel zu schließen und zu versuchen, den Ball zu gewinnen. Gelingt es den Roten, den Ball zu erobern, tauschen die Teams die Rollen.

- Die Blauen bewegen sich alle nach innen und versuchen gemeinsam, den Ball sofort zurückzuerobern (Gegenpressing).

- Die Roten bewegen sich auf die Außenbahnen und versuchen, mit Hilfe der 2 gelben Neutralen den Ball zu halten.

Quelle: Pep Guardiolas Bayern München Trainingseinheit, Säbener Strasse, München

2. "Juego de Posición" 4 v 4 (+2) Ballbesitz- und Umschaltspiel

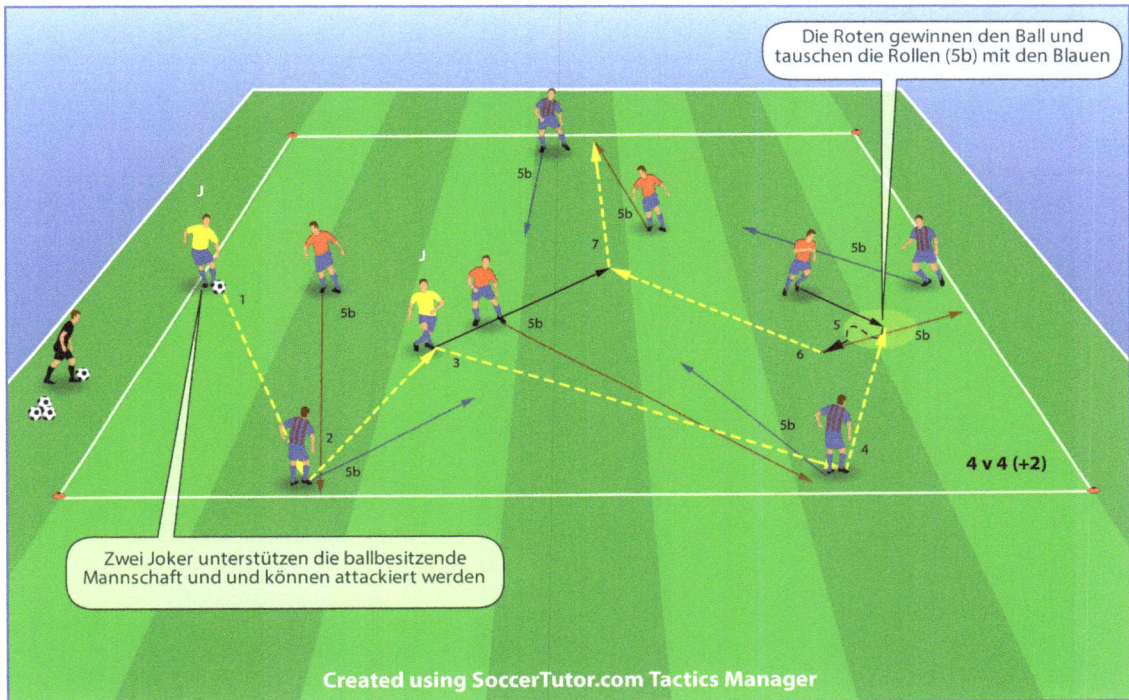

Die Roten gewinnen den Ball und tauschen die Rollen (5b) mit den Blauen

4 v 4 (+2)

Zwei Joker unterstützen die ballbesitzende Mannschaft und und können attackiert werden

Created using SoccerTutor.com Tactics Manager

Die Spieler führen 2 Sätze von 12 Minuten durch, mit 2-3 Minuten Pause. Es ist ein Spiel mit hohem Tempo und dem Ziel, eine Herzfrequenz von 120 bpm zu erreichen.

Beschreibung

- In einem 15x20m großen Feld gibt es 2 Teams mit je 4 Spielern (blau und rot) + 2 gelbe Neutrale, die mit dem Team in Ballbesitz spielen.

- Die Spieler haben maximal 2 Berührungen.

- Alle 4 blauen Spieler stehen an den Seiten und alle roten Spieler beginnen innerhalb des Feldes. Es gibt 1 gelben Neutralen an einer Seite und 1 Neutralen im Feld.

- Die blaue Mannschaft versucht, mit Hilfe der 2 gelben Neutralen in Ballbesitz zu bleiben.

- Die rote Mannschaft arbeitet zusammen (Pressing), um die Winkel zu schließen und zu versuchen, den Ball zu gewinnen. Gelingt es den Roten, den Ball zu erobern, tauschen die Teams die Rollen.

- Die Blauen bewegen sich alle nach innen und versuchen gemeinsam, den Ball sofort zurückzuerobern (Gegenpressing).

- Die Roten bewegen sich auf die Außenbahnen und versuchen, mit Hilfe der 2 gelben Neutralen den Ball zu halten.

Quelle: Pep Guardiolas Trainingseinheit von Barcelonas B team (2007-08)

3. "Juego de Posición" 5 (+2) v 3 Ballbesitzspiel

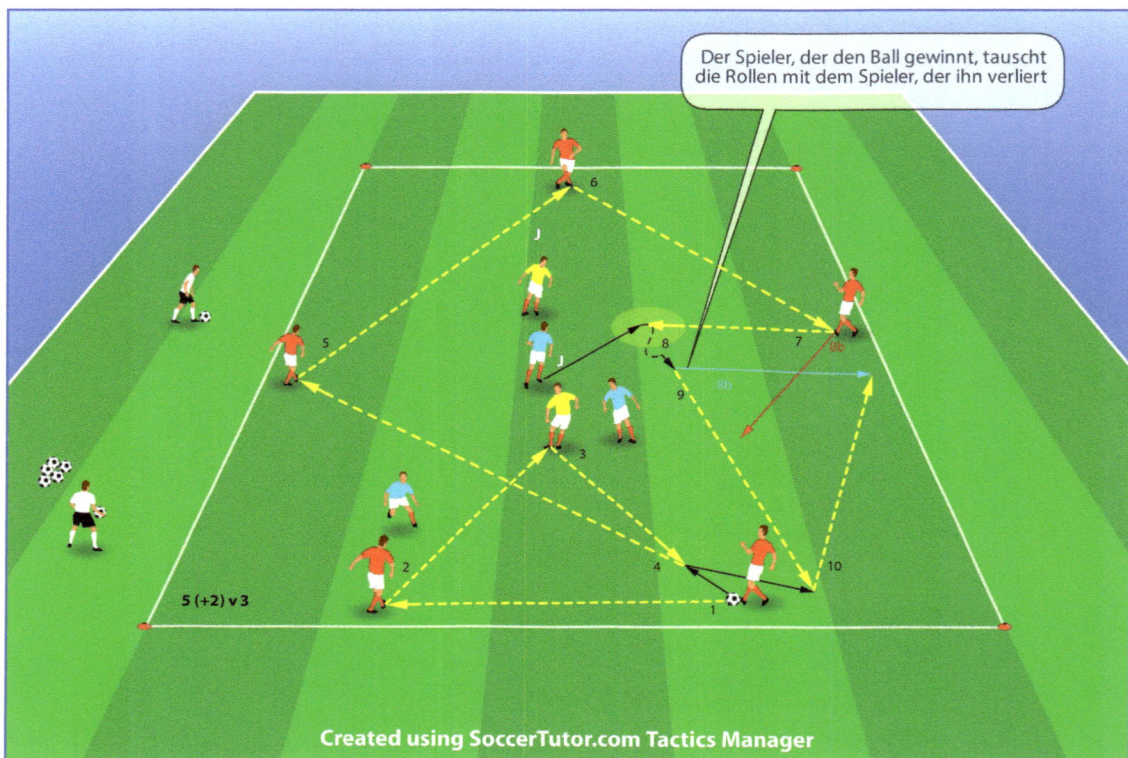

Der Spieler, der den Ball gewinnt, tauscht die Rollen mit dem Spieler, der ihn verliert

5 (+2) v 3

Created using SoccerTutor.com Tactics Manager

Beschreibung

- In einem 10x15m großen Feld befinden sich 5 rote Spieler, 3 blaue Spieler und 2 gelbe Neutrale, die mit der Mannschaft in Ballbesitz spielen.

- Alle 5 roten Spieler stehen an den Seiten, wobei 2 Spieler an einer der kürzeren Seiten stehen.

- Alle 3 blauen Spieler beginnen innerhalb des Strafraums. Auch 2 gelbe Neutrale sind im Innenraum positioniert.

- Die rote Mannschaft versucht, mit Hilfe der 2 gelben Neutrale in Ballbesitz zu bleiben.

- Die blaue Mannschaft arbeitet zusammen (Pressing), um die Winkel zu schließen und zu versuchen, den Ball zu gewinnen.

- Gelingt es den Blauen, den Ball zu erobern, tauscht der Spieler, der den Ball gewonnen hat, mit dem Spieler, der ihn verloren hat, die Rollen und das Spiel geht weiter.

Quelle: Pep Guardiolas Bayern München Trainingseinheit, Säbener Strasse, München

4. "Juego de Posición" 6 (+2) v 3 Ballbesitzspiel

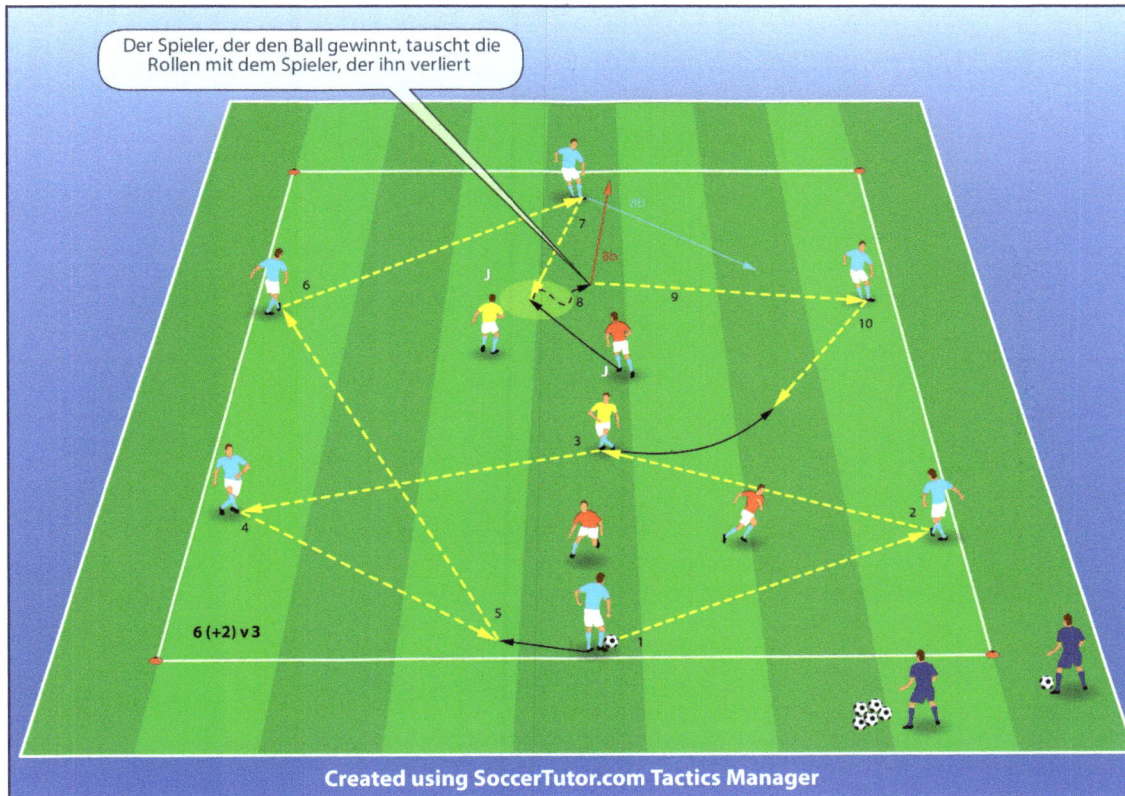

Der Spieler, der den Ball gewinnt, tauscht die Rollen mit dem Spieler, der ihn verliert

6 (+2) v 3

Created using SoccerTutor.com Tactics Manager

Beschreibung

- In einem 15x15m großen Feld befinden sich 6 blaue Spieler, 3 rote Spieler und 2 gelbe Neutrale, die mit der Mannschaft in Ballbesitz spielen.

- Alle 6 blauen Spieler stehen an den Seiten, je 2 Spieler an den Längsseiten.

- Alle 3 roten Spieler beginnen innerhalb des Strafraums. Auch 2 gelbe Neutrale befinden sich im Feld.

- Die rote Mannschaft versucht, mit Hilfe der 2 gelben Neutralen in Ballbesitz zu bleiben.

- Die blaue Mannschaft arbeitet zusammen (Pressing), um die Winkel zu schließen und zu versuchen, den Ball zu gewinnen.

- Gelingt es den Blauen, den Ball zu erobern, tauscht der Spieler, der den Ball gewonnen hat, mit dem Spieler, der ihn verloren hat, die Rollen und das Spiel geht weiter.

Quelle: Pep Guardiolas Manchester City Trainingseinheit, Etihad Campus Training Ground, Manchester - Vorbereitung 2016

5. "Juego de Posición" 4 v 4 (+3) Ballbesitz- und Umschaltspiel

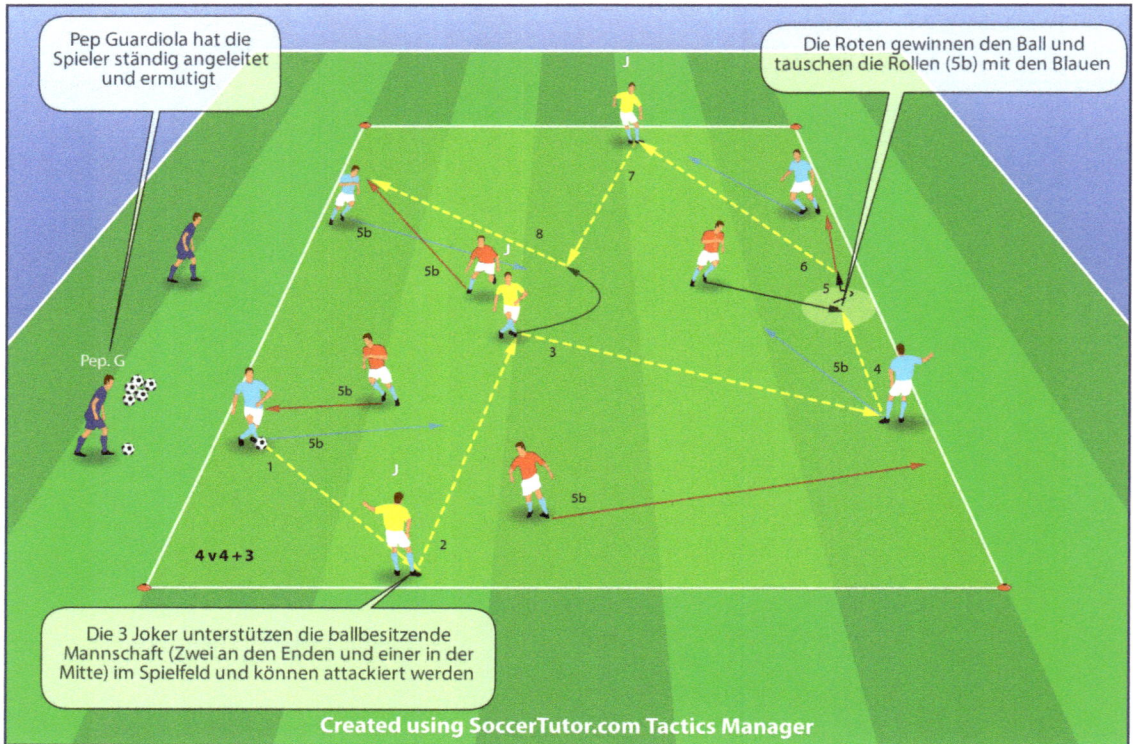

Pep Guardiola hat die Spieler ständig angeleitet und ermutigt

Die Roten gewinnen den Ball und tauschen die Rollen (5b) mit den Blauen

Pep. G

4 v 4 + 3

Die 3 Joker unterstützen die ballbesitzende Mannschaft (Zwei an den Enden und einer in der Mitte) im Spielfeld und können attackiert werden

Created using SoccerTutor.com Tactics Manager

Beschreibung

- In einem 10x15m großen Feld gibt es 2 Mannschaften mit je 4 Spielern (blau und rot) und 3 gelben Neutralen, die mit der Mannschaft in Ballbesitz spielen.

- Alle 4 blauen Spieler werden an den Längsseiten aufgestellt (2 auf jeder Seite) und alle roten Spieler beginnen innerhalb des Feldes. Es gibt 1 gelben Neutralen an jedem Ende und 1 Neutralen im Feld.

- Die Übung beginnt mit dem Trainer und die blaue Mannschaft versucht, mit Hilfe der 3 gelben Neutralen den Ballbesitz zu halten.

- Die rote Mannschaft arbeitet zusammen (Pressing), um die Winkel zu schließen und zu versuchen, den Ball zu gewinnen.

- Gelingt es den Roten, den Ball zu erobern, tauschen die Teams die Rollen.

- Die Blauen bewegen sich alle nach innen und versuchen gemeinsam, den Ball sofort zurückzuerobern (Gegenpressing).

- Die Roten bewegen sich auf die Außenbahnen und versuchen, mit Hilfe der 3 Neutralen den Ball zu halten.

Quelle: Pep Guardiolas Manchester City Trainingseinheit, Etihad Campus Training Ground, Manchester

6. "Juego de Posición" 5 v 5 (+3) Ballbesitz- und Umschaltspiel

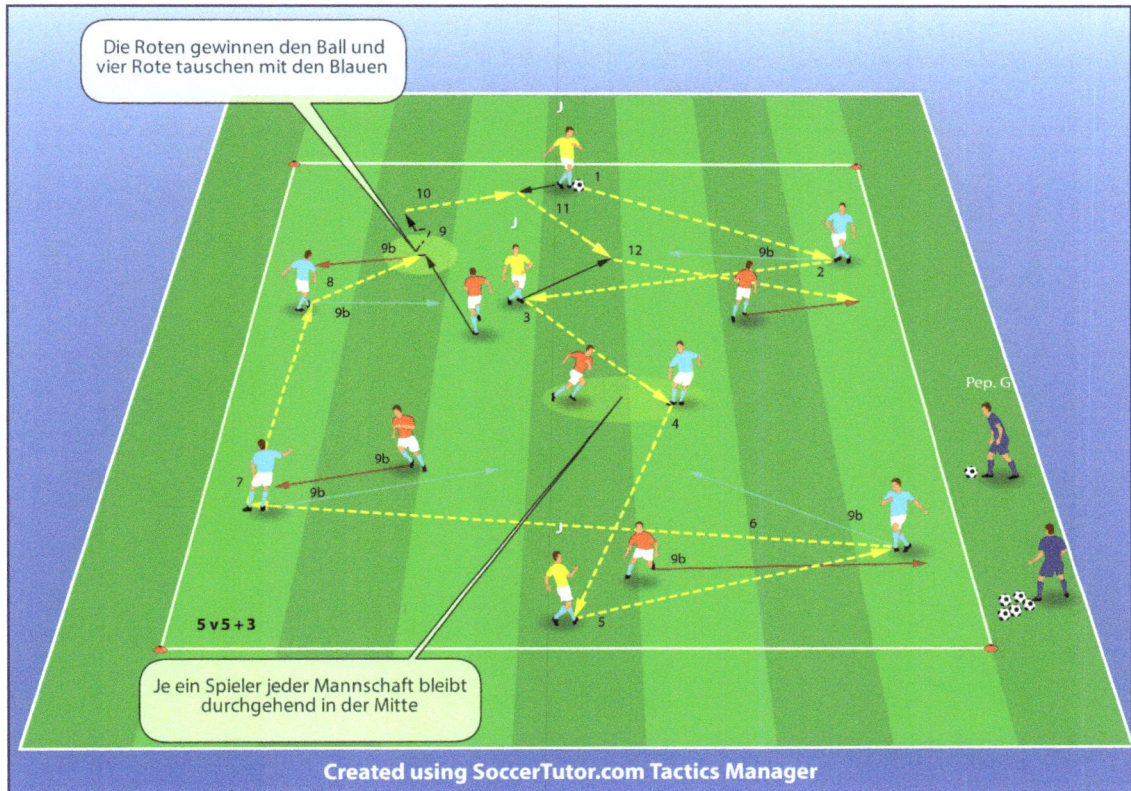

Die Roten gewinnen den Ball und vier Rote tauschen mit den Blauen

5 v 5 + 3

Je ein Spieler jeder Mannschaft bleibt durchgehend in der Mitte

Created using SoccerTutor.com Tactics Manager

Bemerkung: 1 Spieler jedes Teams bleibt die ganze Zeit in der Mitte.

Beschreibung

- In einem 20 x 20 Meter großen Feld gibt es 2 Mannschaften mit je 5 Spielern (blau und rot) und 3 gelben Neutralen, die mit der Mannschaft spielen, die im Ballbesitz ist.

- Jeweils 2 blaue Spieler stehen an den Längsseiten und 1 blauer Spieler innen. Alle 5 roten Spieler beginnen innen. Es gibt 1 gelben Neutralen an jedem Ende (kurze Seiten) und 1

Neutralen, der in der Mitte spielt.

- Die blaue Mannschaft versucht, mit Hilfe der 3 gelben Neutralen in Ballbesitz zu bleiben.

- Die rote Mannschaft arbeitet zusammen (Pressing), um die Winkel zu schließen und zu versuchen, den Ball zu gewinnen. Wenn es den Roten gelingt, den Ball zu erobern, tauschen 4 rote Spieler die Rollen mit den 4 blauen Außenspielern.

Quelle: Pep Guardiolas Manchester City Trainingseinheit, Etihad Campus Training Ground, Manchester

7. "Juego de Posición" 6 v 6 (+4) Ballbesitz- und Umschaltspiel

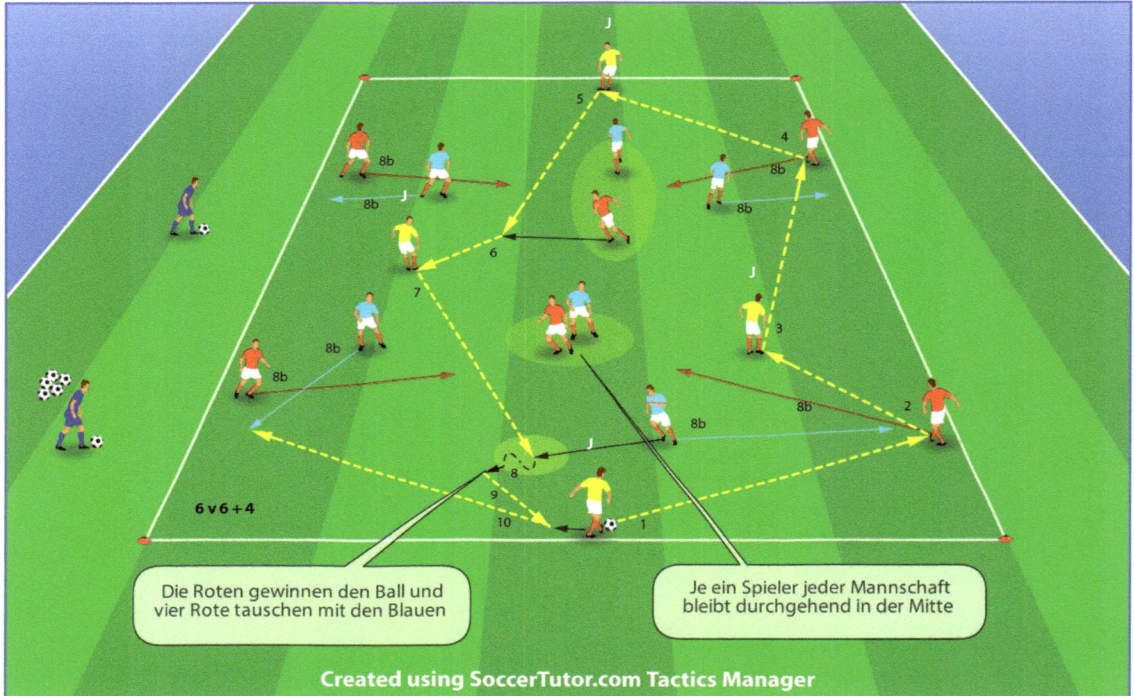

Die Roten gewinnen den Ball und vier Rote tauschen mit den Blauen

Je ein Spieler jeder Mannschaft bleibt durchgehend in der Mitte

6 v 6 + 4

Created using SoccerTutor.com Tactics Manager

Bemerkung: 2 Spieler jedes Teams bleiben die ganze Zeit in der Mitte.

Beschreibung

- In einem 20 x 30 Meter großen Feld gibt es 2 Teams mit je 6 Spielern (rot und blau) + 4 gelbe Neutrale, die mit dem Team in Ballbesitz spielen.

- Die 4 roten Spieler stehen an den Längsseiten (2 auf jeder Seite) und 2 Spieler im Feld. Alle 6 blauen Spieler beginnen innerhalb des Feldes. An jeder Seite steht 1 gelber Neutraler und 2 stehen im Feld.

- Die Übung beginnt damit, dass der Trainer und die rote Mannschaft versuchen, mit Hilfe der 4 gelben Neutralen in Ballbesitz zu bleiben.

- Die blaue Mannschaft arbeitet zusammen (Pressing), um die Winkel zu schließen und zu versuchen, den Ball zu gewinnen. Wenn die Blauen den Ball erobern, tauschen 4 blaue Spieler die Rollen mit den 4 roten Außenspielern.

- Die 4 roten Außenspieler bewegen sich alle ins Feld und versuchen gemeinsam, den Ball sofort zurückzuerobern (Gegenpressing).

- Die 4 blauen Spieler bewegen sich auf die Außenbahnen und versuchen, mit Hilfe ihrer 2 Mitspieler in der Mitte und der 4 Neutralen den Ball zu halten.

Quelle: Pep Guardiolas Bayern München Trainingseinheit, Säbener Strasse, München

8. "Juego de Posición" 8 v 8 (+3) Ballbesitz- und Umschaltspiel

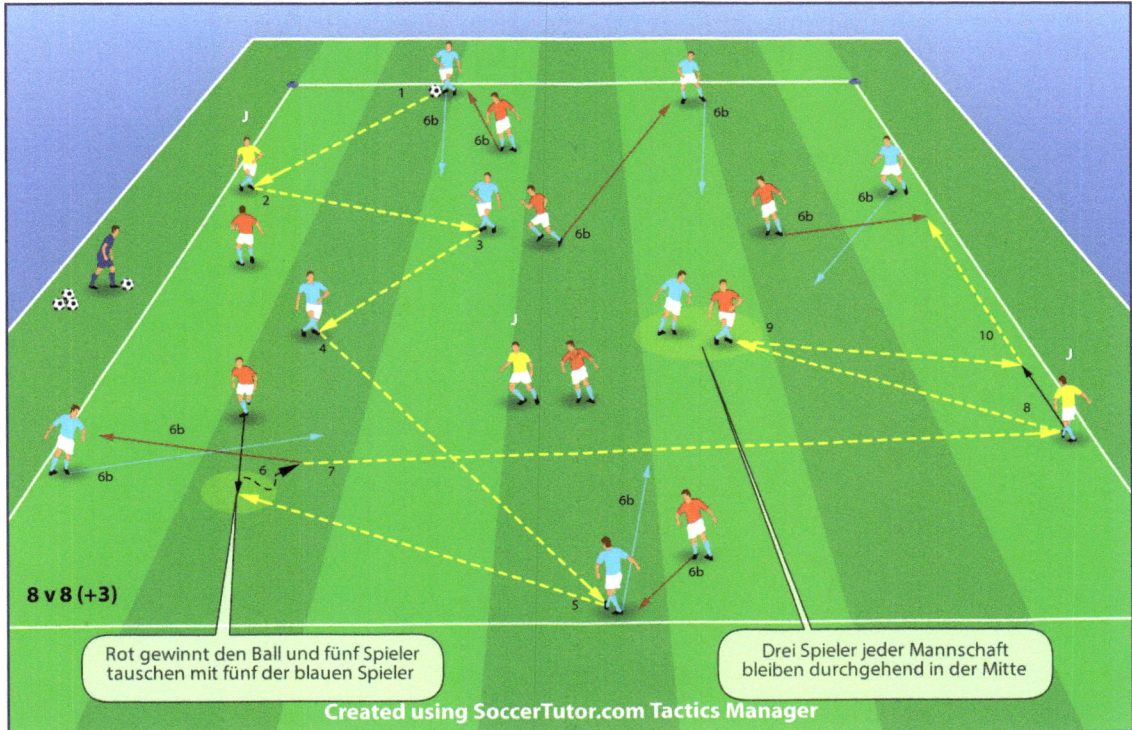

8 v 8 (+3)

Rot gewinnt den Ball und fünf Spieler tauschen mit fünf der blauen Spieler

Drei Spieler jeder Mannschaft bleiben durchgehend in der Mitte

Created using SoccerTutor.com Tactics Manager

Bemerkung: 3 Spieler jedes Teams bleiben die ganze Zeit in der Mitte.

Beschreibung

- In einem 30x40m großen Feld gibt es 2 Mannschaften mit je 8 Spielern (blau und rot) + 3 gelbe Neutrale, die mit der Mannschaft in Ballbesitz spielen.

- 5 blaue Spieler sind an den Seiten positioniert (2 an einem Ende) und 3 blaue Spieler spielen im Feld. Es gibt 1 gelben Neutralen auf jeder Seite und 1 Neutralen im Feld. Alle 8 roten Spieler beginnen innen.

- Die blaue Mannschaft versucht, mit Hilfe der 3 gelben Neutralen in Ballbesitz zu bleiben.

- Die rote Mannschaft arbeitet zusammen (Pressing), um die Winkel zu schließen und zu versuchen, den Ball zu gewinnen.

- Wenn die Roten den Ball erobern, tauschen 5 rote Spieler die Rollen mit den 5 blauen Außenspielern.

- Die 5 blauen Außenspieler bewegen sich alle ins Feld und versuchen gemeinsam, den Ball sofort zurückzuerobern (Gegenpressing).

- 5 rote Spieler bewegen sich auf die Außenbahnen und versuchen, mit Hilfe ihrer 3 Mitspieler im Feld und der 3 Neutralen den Ball zu halten.

Quelle: Pep Guardiolas Manchester City Trainingseinheit, Etihad Campus Training Ground, Manchester - 14. Juli 2016

9. Drei Teams Ballbesitz- und Umschaltspiel

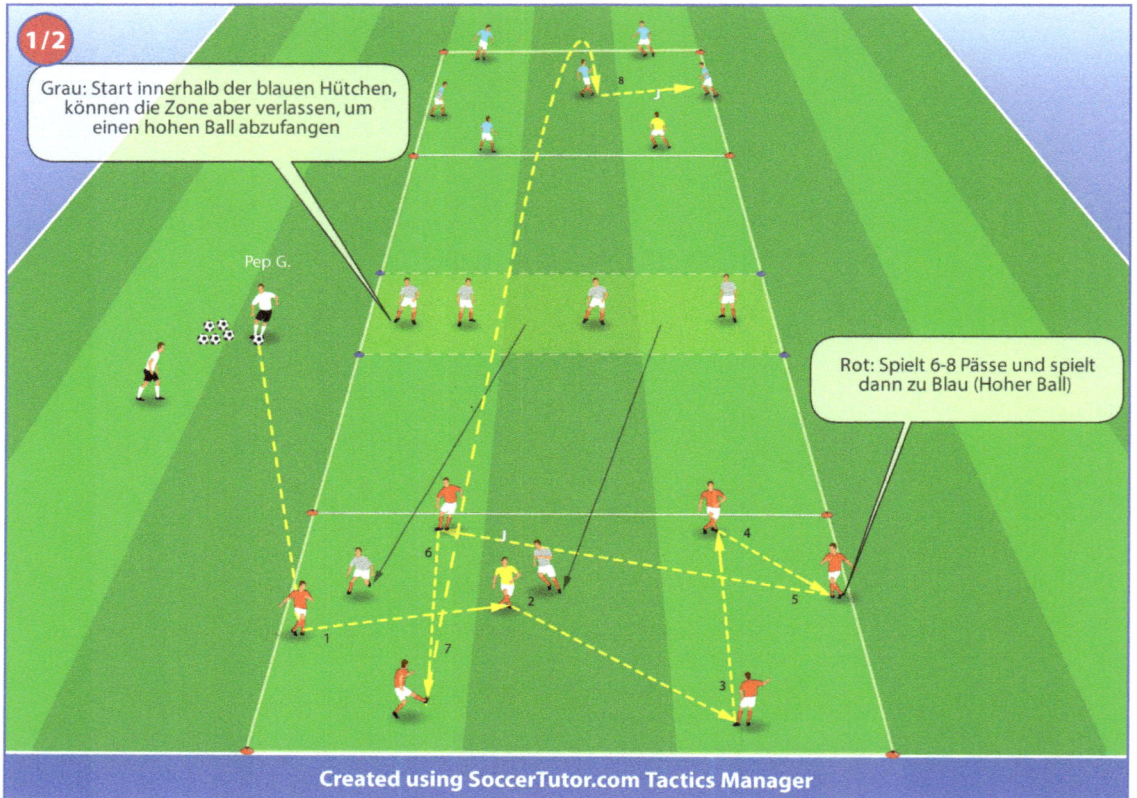

Grau: Start innerhalb der blauen Hütchen, können die Zone aber verlassen, um einen hohen Ball abzufangen

Pep G.

Rot: Spielt 6-8 Pässe und spielt dann zu Blau (Hoher Ball)

Created using SoccerTutor.com Tactics Manager

Bei einer Gesamtfläche von 15x45m sind die beiden Endzonen 15x10m und die Mittelzone 15x25m groß.

Beschreibung 1/2

1. Das Training beginnt mit einem Pass des Trainers (Pep G) an das rote Team. 2 graue Spieler bewegen sich aus der Mitte in die Endzone, wodurch eine 6(+1)v2 Situation entsteht.

2. Die rote Mannschaft versucht, 6-8 Pässe zu spielen und wechselt dann mit einem hohen Ball zu den Blauen. Die 2 grauen Spieler

versuchen, den Ball zu erobern. Gelingt ihnen das, tauschen sie die Rollen mit den Roten.

3. Die grauen Spieler in der Mitte können sich aus ihrer Zone herausbewegen, um einen Pass aus der Luft abzufangen. Wenn sie erfolgreich sind, tauschen sie die Rollen mit den Roten.

4. In diesem Beispiel fängt ein blauer Spieler den hohen Pass in der gegenüberliegenden Endzone erfolgreich ab.

Die Übungsbeschreibung wird auf der folgenden Seite fortgesetzt...

Quelle: Pep Guardiolas Bayern München Trainingseinheiten in Doha, Qatar – 8. Januar 2016

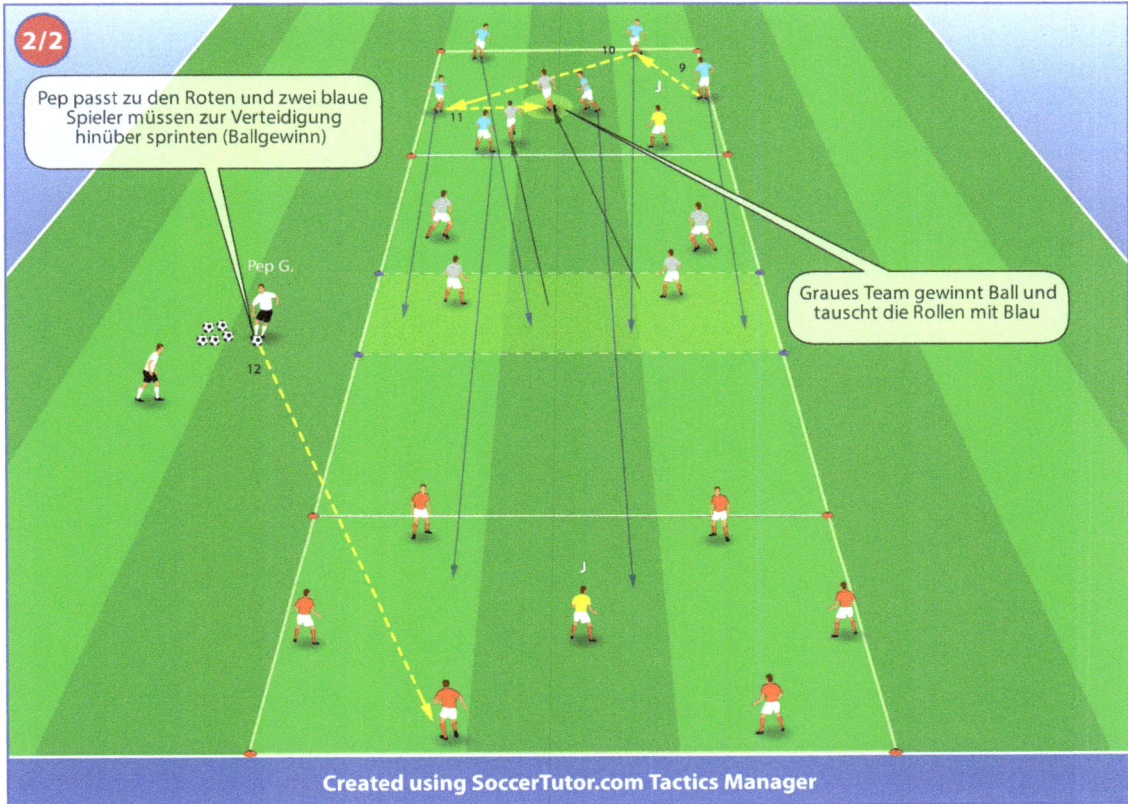

2/2

Pep passt zu den Roten und zwei blaue Spieler müssen zur Verteidigung hinüber sprinten (Ballgewinn)

Pep G.

Graues Team gewinnt Ball und tauscht die Rollen mit Blau

Created using SoccerTutor.com Tactics Manager

Beschreibung 2/2

5. 2 neue graue Spieler bewegen sich in die Far-End-Zone. Dadurch entsteht wieder eine 6 (+1) gegen 2-Situation.

6. Das blaue Team will 6-8 Pässe absolvieren und wechselt dann mit einem Luftpass zu den Roten.

7. Das graue Team will den Ball erobern. Wenn dies geschieht (wie im Diagrammbeispiel gezeigt), tauschen sie die Rollen mit den Blues.

8. Der Coach (Pep G) passt einen neuen Ball an das rote Team in der gegenüberliegenden Endzone.

9. 2 blaue Spieler müssen hinüber sprinten, um die Verteidiger in der gleichen 6 (+1) gegen 2-Situation zu werden. Die anderen 4 blauen Spieler rücken in die Mitte.

10. Die anderen 4 grauen Spieler bewegen sich in die Zone des fernen Endes, um sich ihren 2 Teamkollegen anzuschließen und bereit zu sein für einen Luftpass von den Roten.

11. Die Übung wird fortgesetzt, indem die Spieler kontinuierliche Übergänge mit hoher Intensität spielen

Quelle: Pep Guardiolas Bayern München Trainingseinheiten in Doha, Qatar – 8. Januar 2016

10. 7 v 7 (+3) Ballbesitzspiel mit Stangen-Toren

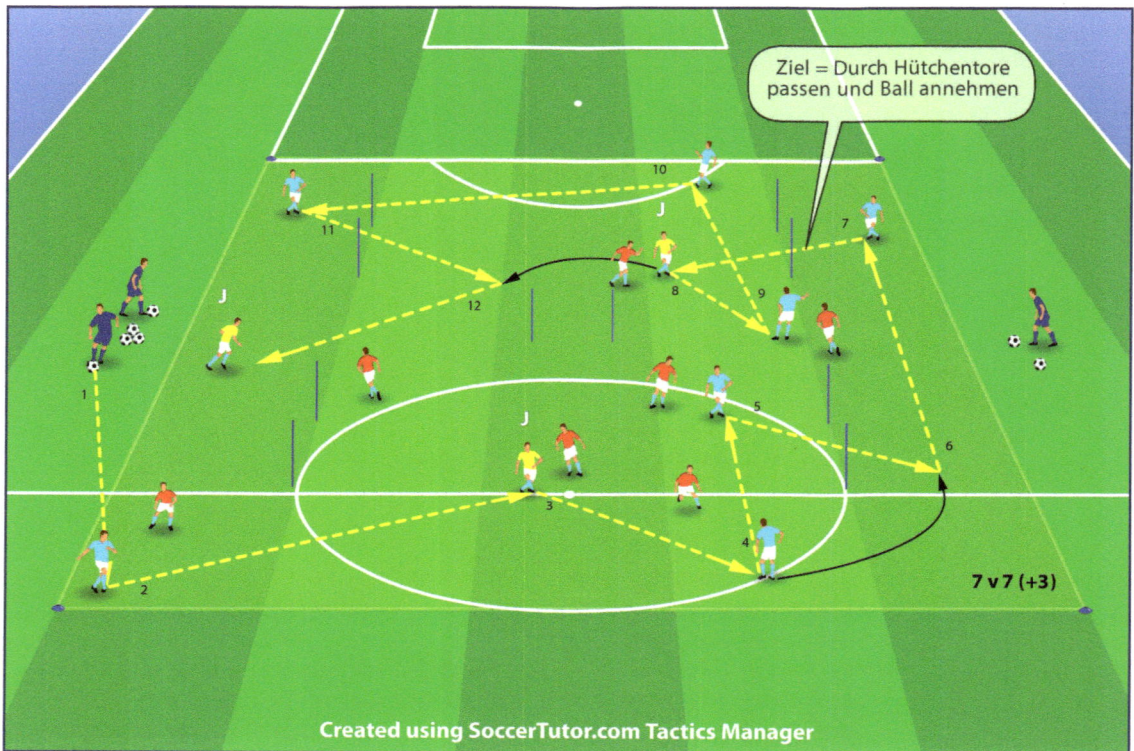

Ziel = Durch Hütchentore passen und Ball annehmen

7 v 7 (+3)

Created using SoccerTutor.com Tactics Manager

Beschreibung

1. Das Training beginnt mit dem Trainer, der zum blauen Team passt.

2. In einer 7v7 (+3) Situation versuchen die Blauen mit Hilfe der 2 Neutralen in Ballbesitz zu bleiben.

3. Das andere Ziel der blauen Mannschaft ist es, so oft wie möglich einen Pass durch die Stangen zu passen, wie in der Abbildung gezeigt.

4. Wenn die Roten den Ball gewinnen, tauschen sie die Rollen mit den Blauen.

5. Die Roten haben dann das Ziel, den Ball zu halten und so oft wie möglich einen Pass durch die Stangen zu passen.

Quelle: Pep Guardiolas Manchester City Trainingseinheit, Etihad Campus Training Ground, Manchester - 13. Februar 2019

11. Ballgewinn und Seitenwechsel in einem zwei Zonen 8 v 8 Ballbesitz- und Umschaltspiel

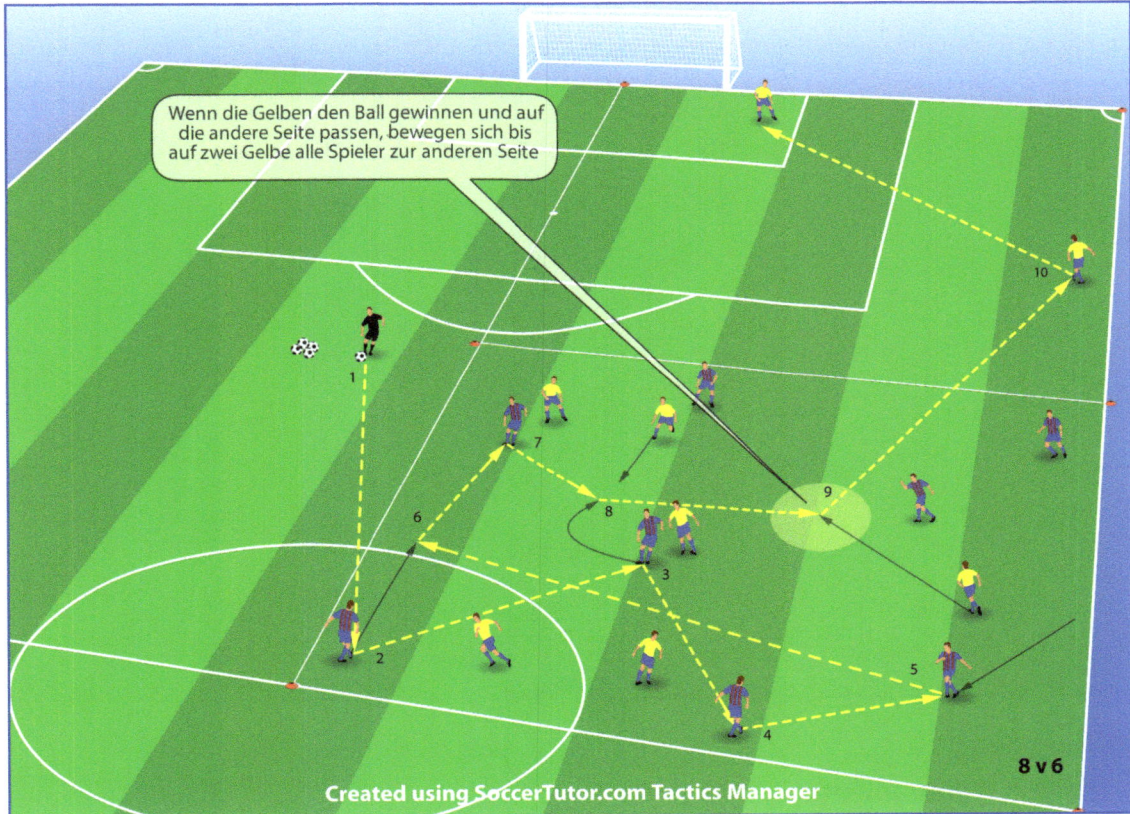

Wenn die Gelben den Ball gewinnen und auf die andere Seite passen, bewegen sich bis auf zwei Gelbe alle Spieler zur anderen Seite

8 v 6

Created using SoccerTutor.com Tactics Manager

Die Spieler spielen 3 Sätze mit je 12 Minuten und 3 Minuten Pause.

Beschreibung

1. Das Training beginnt mit dem Trainer, der zum blauen Team passt.

2. In einer 8v6-Situation versuchen die Blauen, so lange wie möglich in Ballbesitz zu bleiben.

3. Die 6 gelben Spieler arbeiten zusammen (Pressing), um die Winkel zu schließen und zu versuchen, den Ball zu gewinnen.

4. Wenn die Gelben den Ball gewinnen, geben

sie den Ball schnell an einen ihrer Mitspieler in der anderen Hälfte weiter. Die Blauen versuchen, den Ball sofort nach dem Verlust zurückzuerobern.

5. Wenn der Pass erfolgreich in der anderen Hälfte angekommen ist, bewegen sich alle Spieler außer 2 Gelben hinüber.

6. Wir haben nun dieselbe 8v6-Situation, wobei die gelbe Mannschaft versucht, so lange wie möglich in Ballbesitz zu bleiben, bevor sie das Spiel zu ihren 2 Mitspielern in der anderen Hälfte wechselt.

Quelle: Pep Guardiolas Trainingseinheit von Barcelonas B team (2007-08)

12. 9 v 9 (+2 Innen) Ballbesitzspiel

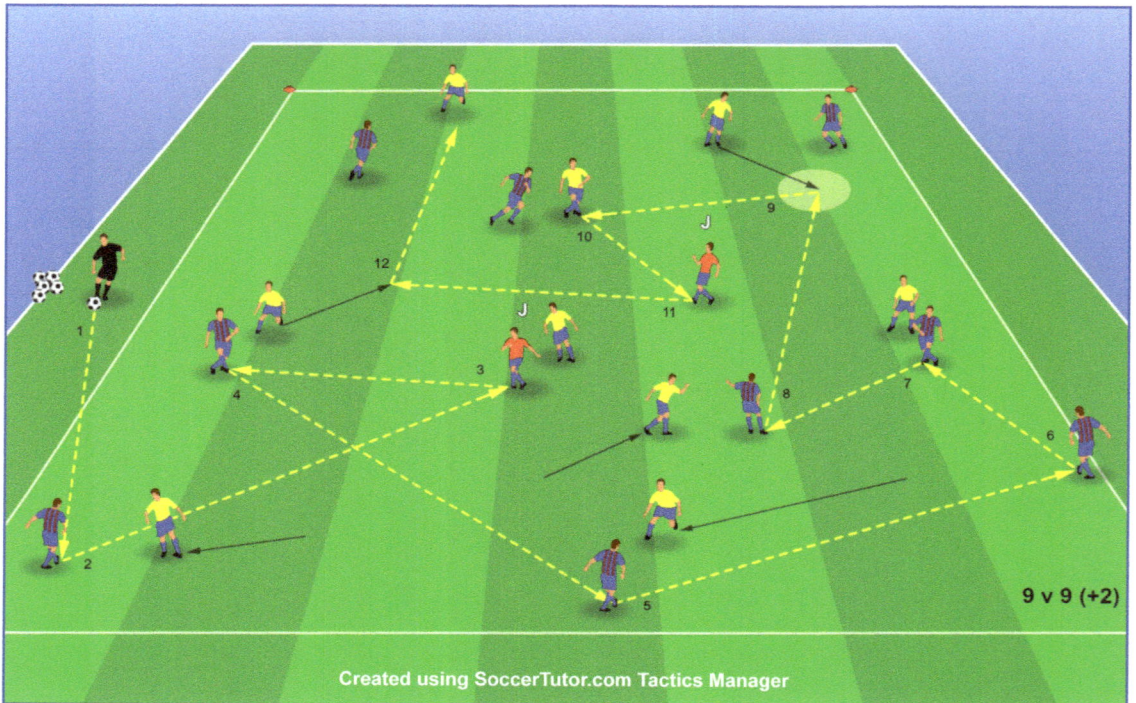

9 v 9 (+2)

Created using SoccerTutor.com Tactics Manager

Beschreibung

1. In einem 30x40m großen Feld beginnt das Training mit dem Trainer, der an das blaue Team weitergibt.

2. Einer 9v9-Situation (+2) versuchen die Blauen, mit Hilfe der beiden roten Neutralen im Feld in Ballbesitz zu bleiben.

3. Die gelbe Mannschaft arbeitet zusammen (Pressing), um die Winkel zu schließen und zu versuchen, den Ball zu gewinnen.

4. Wenn die Gelben den Ball gewinnen, tauschen sie die Rollen mit den Blauen.

5. Die Gelben versuchen dann, mit Hilfe der 2 roten Neutralen im Feld in der gleichen 9v9 (+2) Situation den Ballbesitz zu halten.

6. Die Mannschaft, die den Ball verliert, macht einen schnellen Wechsel und versucht, den Ball so schnell wie möglich zurückzugewinnen.

Quelle: Pep Guardiolas Trainingseinheit von Barcelonas B team (2007-08)

13. 9 v 9 (+2 Außen) Ballbesitzspiel

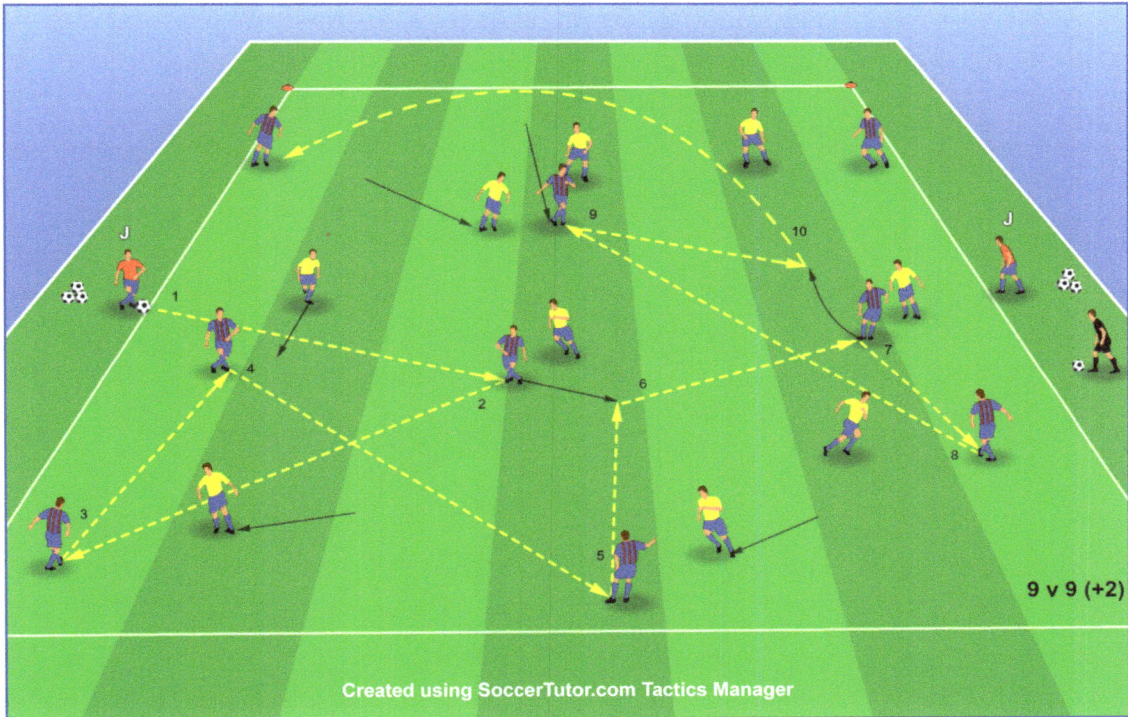

9 v 9 (+2)

Created using SoccerTutor.com Tactics Manager

Beschreibung

1. In einem 30x40m großen Feld beginnt das Training mit dem Trainer, der an das blaue Team weitergibt.

2. In einer 9v9-Situation (+2) versuchen die Blauen, mit Hilfe der beiden roten Neutralen Außen in Ballbesitz zu bleiben.

3. Die gelbe Mannschaft arbeitet zusammen (Pressing), um die Winkel zu schließen und zu versuchen, den Ball zu gewinnen.

4. Wenn die Gelben den Ball gewinnen, tauschen sie die Rollen mit den Blauen.

5. Die Gelben versuchen dann, mit Hilfe der 2 roten Neutralen im Feld in der gleichen 9v9 (+2) Situation den Ballbesitz zu halten.

6. Die Mannschaft, die den Ball verliert, macht einen schnellen Wechsel und versucht, den Ball so schnell wie möglich zurückzugewinnen.

Quelle: Pep Guardiolas Trainingseinheit von Barcelonas B team (2007-08)

Positionsbasierte Angriffsmuster

Direk aus Pep Guardiolas Manchester City Trainingseinheiten

"Was ich am meisten liebe, sind diejenigen, die behaupten, dass man so nicht in Deutschland oder in der Premier League spielen könnte, mit Silva, Bernardo, Agüero, die alle nicht größer als 1,80m sind. Aber wir haben es geschafft. Indem wir wenig Tore kassiert und das Spiel durch Stellungsspiel dominiert haben."

Quelle: Pep Guardiola Interview mit Antoni Bassas für Daily ARA - Veröffentlicht am 5. Juli 2019

PEP GUARDIOLAS ANGRIFFS-PHILOSOPHIE: Prinzipien

Lass dich nie aus deiner Position fallen, um den Ball zu kriegen

Verwende Pass-Stafetten, um Gegner aus ihren Positionen zu bringen

Flügelspieler, die hoch und breit am Spielfeldrand stehen und darauf warten, bei Unordnung im gegnerischen Strafraum zuzuschlagen

Dominiere das Spiel im letzten Drittel

Ballbesitz ist nur ein Werkzeug

Schaffe 1v1 Situationen in Schlüssel Zonen

Strukturierte Positionierung der Spieler - schrittweises gemeinsames Aufrücken

Gute Körper-Orientierung bei der Ballannahme

Kurze, genaue Pässe

Nutze einen "Dritten Mann" beim Spielaufbau zwischen den Linien des Gegners
(schaffe einen freien Mann mit Pass-Dreiecken)

2v4 im Angriff, zusätzlicher Mann im Mittelfeld, zusätzlicher Mann in der Verteidigung, mit einer hohen Verteidigungslinie

Spielen mit voller "Intensität" und voller Konzentration für die Dauer jedes Spiels

Quelle: Perarnau, Martí. Pep Guardiola: The Evolution. Birlinn. Kindle Edition, 2016

MANCHESTER CITYS 4-3-3 FORMATION

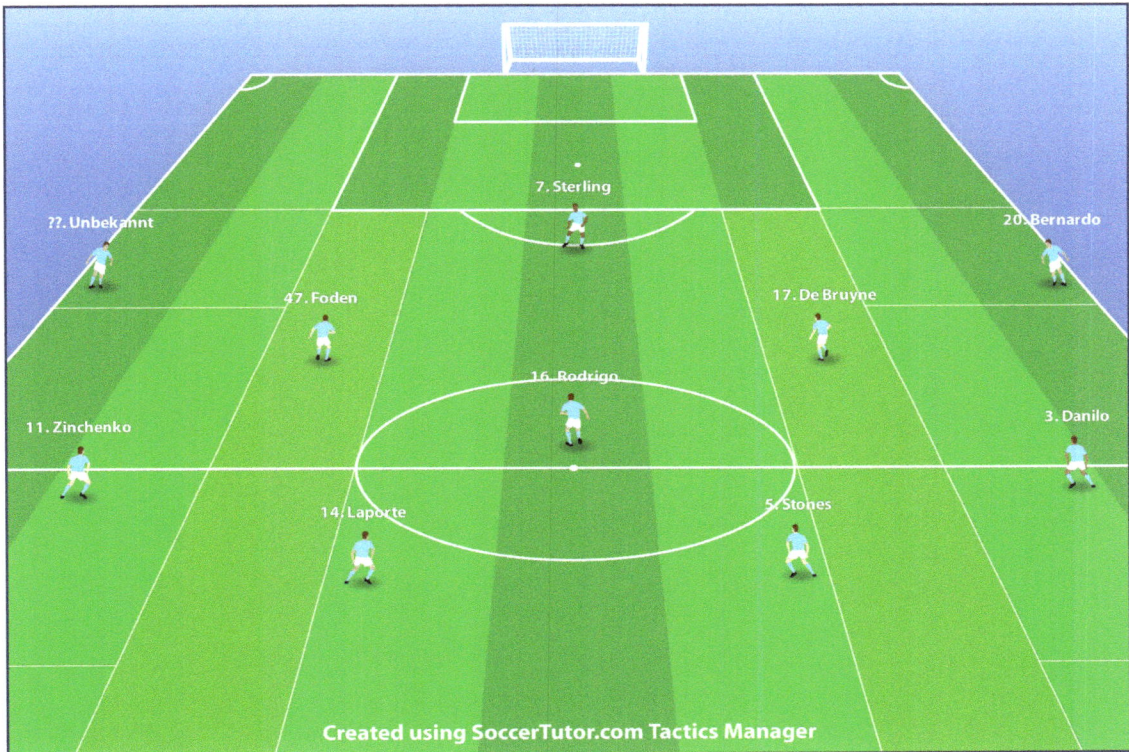

Created using SoccerTutor.com Tactics Manager

- **14. Laporte:** Linker Innenverteidiger
- **5. Stones:** Rechter Innenverteidiger
- **11. Zinchenko:** Linker Außenverteidiger
- **3. Danilo:** Rechter Außenverteidiger
- **16. Rodrigo:** Defensiver Mittelfeldspieler

- **47. Foden:** Linker Offensiver Mittelfeldspieler
- **17. De Bruyne:** Rechter Offensiver Mittelfeldspieler
- **??. Unbekannter Spieler:** Linker Flügel
- **20. Bernardo:** Rechter Flügel
- **7. Sterling:** Stürmer

Quelle: Pep Guardiolas Manchester City Trainingseinheit, Yokohama International Stadium, Japan – 26. Juli 2019

MANCHESTER CITY'S 2-3-2-3 ANGRIFFSFORMATION (4-3-3)

7. Sterling

??. Unbekannt

20. Bernardo

47. Foden

17. De Bruyne

11. Zinchenko

16. Rodrigo

3. Danilo

14. Laporte

5. Stones

Created using SoccerTutor.com Tactics Manager

- In der Angriffsphase ändert Pep Guardiolas Manchester City-Team seine Formation in ein offensives 2-3-2-3-, die vier Linien schafft, durch die der Ball bewegt werden kann.

- Dadurch werden die Außenverteidiger zu "einrückenden Außenverteidigern" und nehmen zentralere Positionen ein, um Bälle in den "Halbräumen" anzunehmen (hervorgehobener Kanal im Diagramm mit 11, 47, 3 und 17, die alle innen positioniert sind).

- In dieser 2-3-2-3-Formation kann der defensive Mittelfeldspieler Rodrigo (16) in einer zentralen Position bleiben, ohne den Raum rechts und links von ihm abdecken zu müssen.

- Die beiden Flügelspieler stehen breit, um die gegnerischen Verteidiger zu beschäftigen und ihren Mitspielern in der Mitte und in den Halbräumen Platz für die Ballannahme zu lassen.

- Die Innenverteidiger Laporte (14) und Stones (5) versuchen, während der gesamten Trainingseinheit nach vorne zu spielen.

Quelle: Pep Guardiolas Manchester City Trainingseinheit, Yokohama International Stadium, Japan – 26. Juli 2019

PEP GUARDIOLAS TRAININGS SET-UP

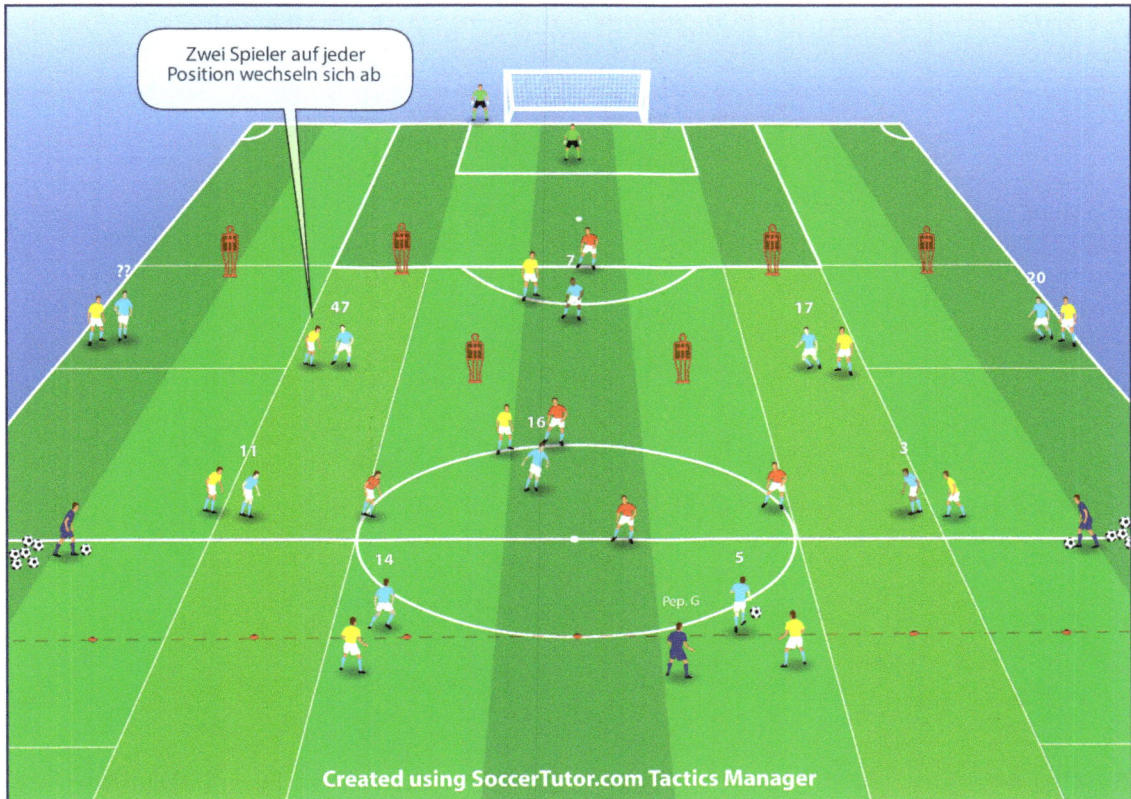

- Dieses Diagramm zeigt Pep Guardiolas Aufstellung für das Üben von Angriffsmustern im 4-3-3 mit umgedrehten Außenverteidigern.

- Auf beiden Seiten befinden sich Trainer mit vielen Bällen, die bereit sind, den Innenverteidigern Pässe zuzuspielen, um das Muster zu beginnen (Aufbau).

- Es gibt 6 Dummys und 5 passive rote Verteidiger, die die gegnerische Mannschaft repräsentieren.

- Auf jeder Position befinden sich 2 Spieler (1 blauer und 1 gelber), so dass 2 Mannschaften mit 10 Feldspielern gebildet werden können, um Spielmuster zu üben.

Quelle: Pep Guardiolas Manchester City Trainingseinheit, Yokohama International Stadium, Japan – 26. Juli 2019

1. Der Außenverteidiger bewegt sich nach vorne, um das Zuspiel des offensiven Mittelfeldspielers anzunehmen und nach vorne ins letzte Drittel zu dribbeln

Created using SoccerTutor.com Tactics Manager

Beschreibung

1. Der rechte Innenverteidiger (5) spielt einen Querpass auf den linken Innenverteidiger (14).

2. Der linke offensive Mittelfeldspieler (47) bewegt sich zurück und quer, um eine Passmöglichkeit zu schaffen.

3. Der linke offensive Mittelfeldspieler (47) schiebt nach innen, um einen Passwinkel zu schaffen, und nimmt den Pass vom linken Innenverteidiger (14) an.

4. Der linke Außenverteidiger (11) dribbelt den Ball nach vorne.

5. Der linke Außenverteidiger (11) leitet den Ball zum rechten offensiven Mittelfeldspieler (17) weiter

6. Der offensive Mittelfeldspieler (17) spielt einen Pass nach hinten zum Stürmer (7), der in einem Bogen dem roten Verteidiger davonläuft. Der linke Flügelspieler (??) und der linke offensive Mittelfeldspieler (47) laufen ebenfalls nach hinten, zur Ballannahme.

7. Der Stürmer (7) nimmt den Pass auf.

8. Der Stürmer (7) schießt auf das Tor.

Quelle: Pep Guardiolas Manchester City Trainingseinheit, Yokohama International Stadium, Japan – 26. Juli 2019

SOCCER TUTOR .COM

2. Ablage des offensiven Mittelfeldspielers für den Pass des defensiven Mittelfeldspielers in den Abwehrrücken zum Stürmer

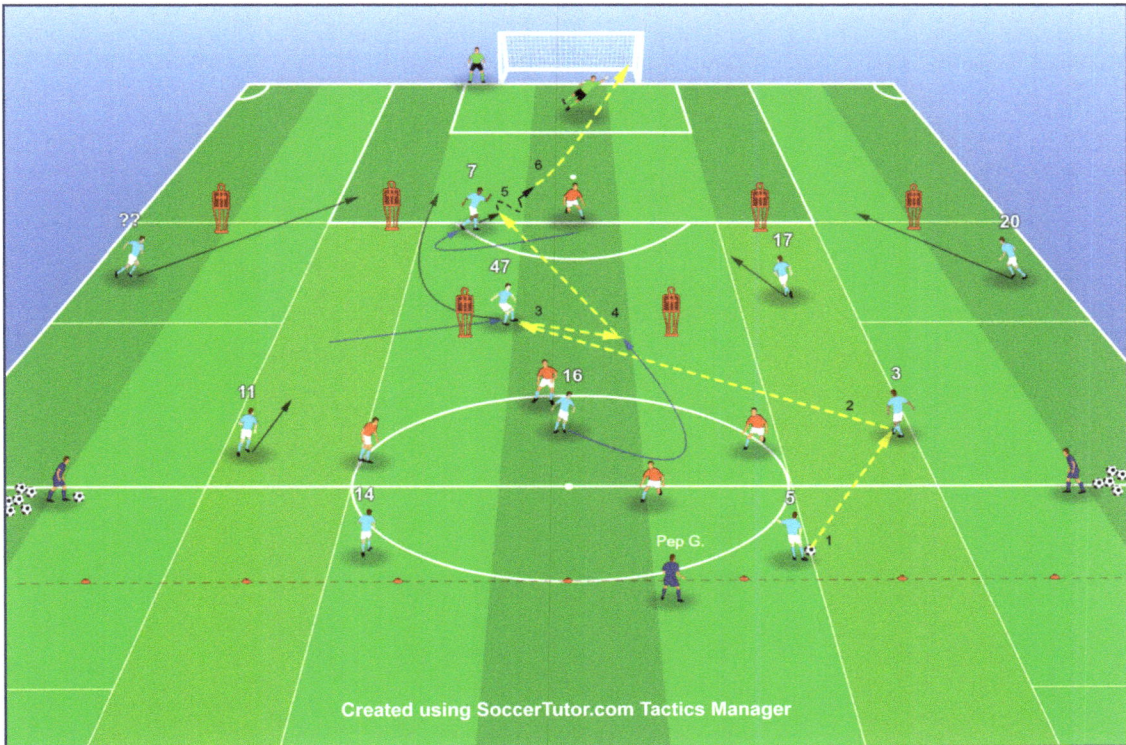

Created using SoccerTutor.com Tactics Manager

Beschreibung

1. Der rechte Innenverteidiger (5) spielt einen Querpass auf den linken Innenverteidiger (14).

2. Der linke offensive Mittelfeldspieler (47) bewegt sich zurück und quer, um eine Passmöglichkeit zu schaffen.

3. Der offensive Mittelfeldspieler (47) legt den Ball zurück für den defensiven Mittelfeldspieler (16), der einen Bogenlauf nach vorne macht.

4. Der defensive Mittelfeldspieler (16) spielt einen finalen Pass auf den Stürmer (7), der im

Bogen vom roten Verteidiger weg läuft. Der linke Flügelspieler (??) und der linke offensive Mittelfeldspieler (47) laufen ebenfalls nach hinten für eine Ballannahme.

5. Der Stürmer (7) nimmt den Pass an.

6. Der Stürmer (7) schießt auf das Tor.

Quelle: Pep Guardiolas Manchester City Trainingseinheit, Yokohama International Stadium, Japan – 26. Juli 2019

3. Langer Ball des Innenverteidigers zum Stürmer + Pass in den Abwehrrücken für den "third man run" des angreifenden Mittelfeldspieler

Created using SoccerTutor.com Tactics Manager

Beschreibung

1. Der rechte Innenverteidiger (5) spielt einen Querpass auf den linken Innenverteidiger (14). Der linke offensive Mittelfeldspieler (47) bewegt sich zurück und quer, um eine Passmöglichkeit zu schaffen.

2. Der linke Innenverteidiger (14) spielt einen langen Pass in die Füße des Stürmers (7). Der defensive Mittelfeldspieler (16) rückt vor.

3. Der Stürmer (7) spielt einen gut getimten Pass auf den rechten offensiven Mittelfeldspieler (17), der aus einer tiefen Position einen Bogenlauf als dritter Mann macht.

4. Der angreifende Mittelfeldspieler (17) nimmt den Pass an.

5. Der angreifende Mittelfeldspieler (17) schießt auf das Tor.

Quelle: Pep Guardiolas Manchester City Trainingseinheit, Yokohama International Stadium, Japan – 26. Juli 2019

4. Flügelwechsel und Pass in den Abwehrrücken zum hinterlaufenden Abwehrspieler

Created using SoccerTutor.com Tactics Manager

Beschreibung

1. Der linke Innenverteidiger (14) passt zum linken Außenverteidiger in den "Halbraum".

2. Der linke Außenverteidiger (11) spielt einen Rückpass zum Innenverteidiger (14).

3. Der Innenverteidiger (14) spielt einen Pass nach vorne zum defensiven Mittelfeldspieler (16), der quer läuft, um eine Passmöglichkeit zu schaffen.

4. Der defensive Mittelfeldspieler (16) spielt einen Pass auf den anderen Innenverteidiger (5).

5. Der rechte Innenverteidiger (5) rückt vor.

6. Der Innenverteidiger (5) spielt einen Pass zum rechten Flügelspieler (20), der einläuft.

7. Der rechte Flügelspieler (20) legt den Ball für den rechten offensiven Mittelfeldspieler (17) ab, der ihn in der Bewegung annimmt.

8. Der offensive Mittelfeldspieler (17) spielt einen Pass nach hinten zum rechten Außenverteidiger (3), der überläuft, um in der Nähe der Seitenlinie anzunehmen.

9. Der rechte Verteidiger (3) schlägt eine Flanke und 4 Spieler laufen in den Strafraum.

10. Der Stürmer (7) erzielt ein Tor mit einem Kopfball.

Quelle: Pep Guardiolas Manchester City Trainingseinheit, Yokohama International Stadium, Japan – 26. Juli 2019

Small to Large Sided Games

Direkt aus Pep Guardiolas Trainingseinheiten

1. High Tempo 5 v 5 Small Sided Game auf große Tore

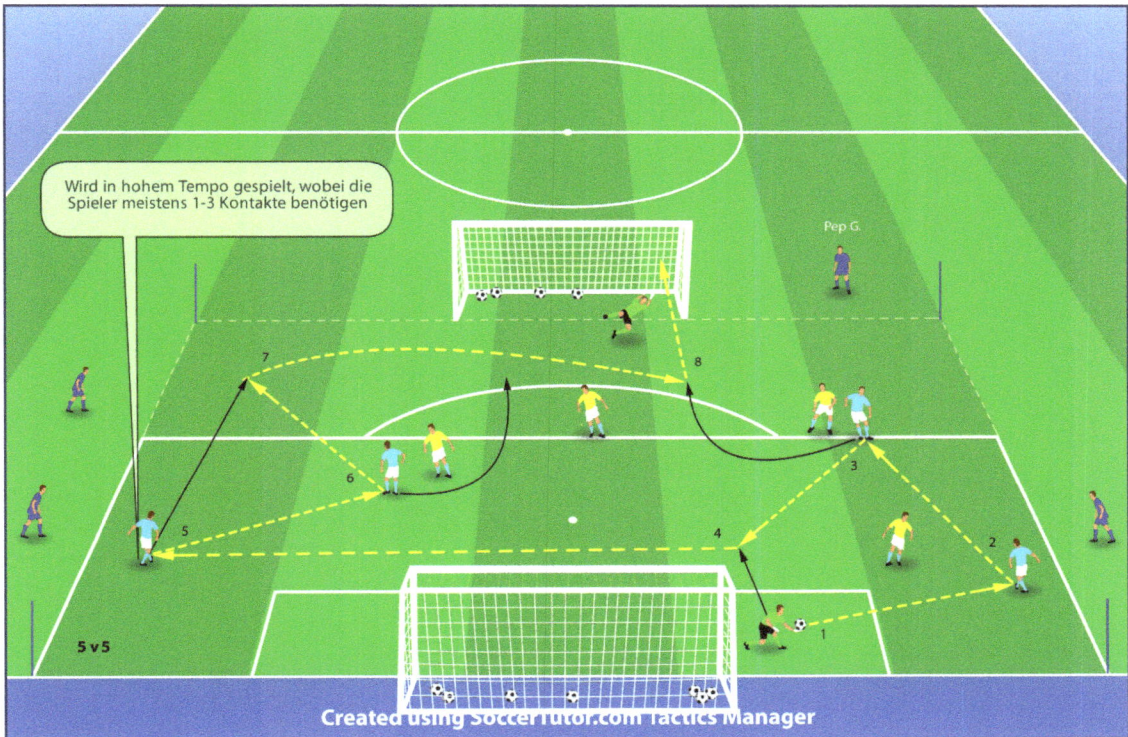

Wird in hohem Tempo gespielt, wobei die Spieler meistens 1-3 Kontakte benötigen

Pep G.

5 v 5

Created using SoccerTutor.com Tactics Manager

Beschreibung

- In dem gezeigten Bereich spielen die 2 Teams ein normales 5v5-Small Sided Game.

- Der Schwerpunkt dieser Übung liegt darauf, mit hohem Tempo zu spielen und dabei maximal 1-3 Berührungen zu verwenden.

- Die Übung beginnt mit dem Torwart, der den Ball auf verschiedene Arten verteilen kann (kurz, mittel oder lang).

- Wenn der Ball ins Aus geht, wird immer vom Torhüter aus weitergespielt.

Quelle: Pep Guardiolas Manchester City Trainingseinheiten, Etihad Campus Training Ground, Manchester – 18. August 2016

2. Drei Team 7 v 7 (+6) Small Sided Game

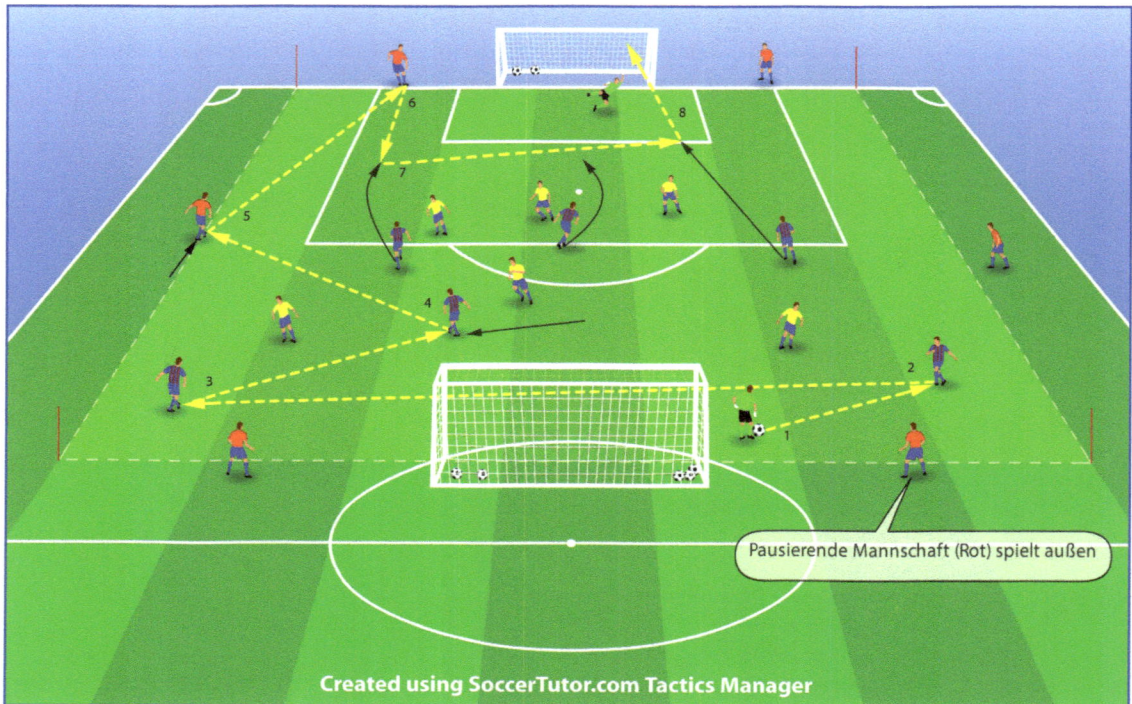

Pausierende Mannschaft (Rot) spielt außen

Created using SoccerTutor.com Tactics Manager

2 Mannschaften spielen 8 Minuten, während die 3. Mannschaft pausiert, aber weiterhin als Außenspieler mitwirkt.

Beschreibung

- In dem gezeigten Bereich spielen die 2 Mannschaften ein Spiel 7v7 + 6 Außenspieler (Rote), die mit der Mannschaft in Ballbesitz spielen.

- Die Übung beginnt immer mit dem Torwart.

- Die ballbesitzende Mannschaft versucht, ihre zahlenmäßige Überlegenheit auszunutzen, um den Ball schnell nach vorne zu bringen und die Außenspieler zu integrieren, um

Chancen zu kreieren und Tore zu erzielen.

- Wenn der Ball ins Aus geht, wird das Spiel immer vom Torhüter aus fortgesetzt.

Progression

1. Alle 45 Sekunden wird das Außenteam gewechselt, um die Intensität des Spiels zu erhöhen.

2. Die Außenspieler werden nach jedem Tor gewechselt (der Sieger bleibt im Spiel). Die Mannschaft, die ein Gegentor kassiert, tauscht die Rollen mit der Mannschaft auf den Außenpositione.

Quelle: Pep Guardiolas Trainingseinheit von Barcelonas B team (2007-08)

3. High Tempo 7 v 7 (+1) Small Sided Game auf große Tore

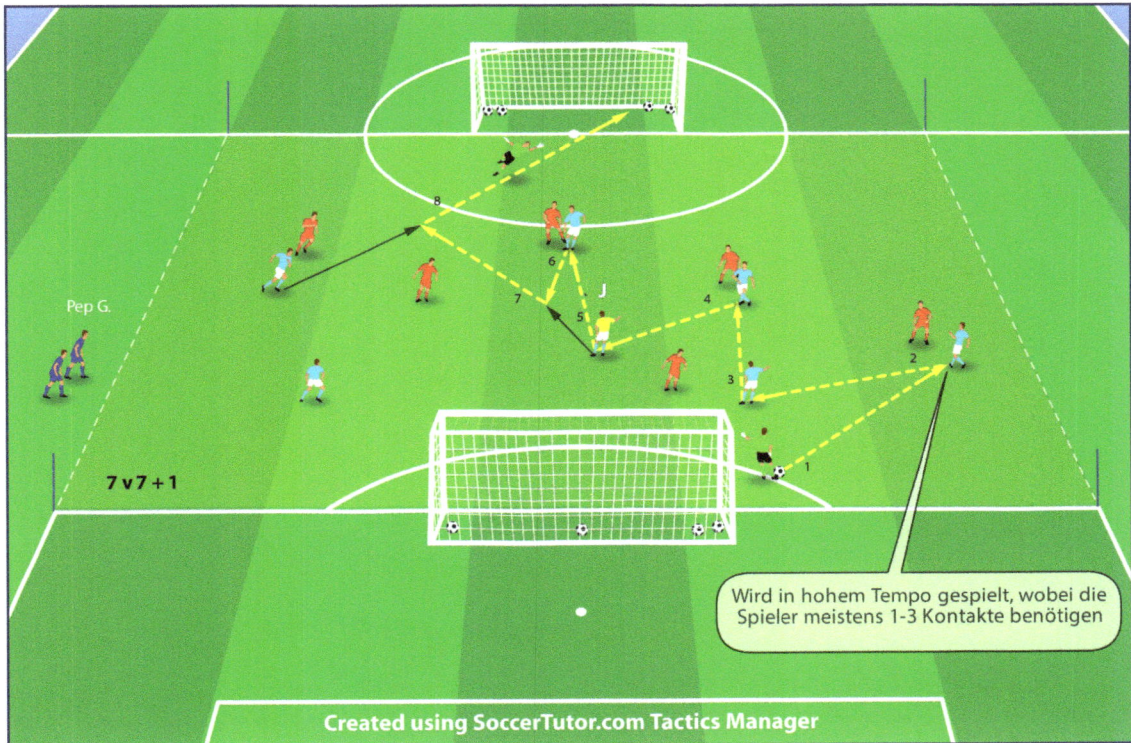

7 v 7 + 1

Wird in hohem Tempo gespielt, wobei die Spieler meistens 1-3 Kontakte benötigen

Created using SoccerTutor.com Tactics Manager

Beschreibung

- In dem gezeigten Bereich spielen die 2 Teams ein normales 7v7-Spiel +1 Neutraler, der mit dem Team in Ballbesitz spielt.

- Der Schwerpunkt dieser Übung liegt darauf, mit hohem Tempo zu spielen und dabei maximal 1-3 Berührungen zu verwenden.

- Die Übung beginnt mit dem Torwart, der den Ball auf verschiedene Arten verteilen kann (kurz, mittel oder lang).

- Ziel ist es, den Neutralen und die numerische Überzahl auszunutzen, um Chancen zu kreieren und Tore zu erzielen.

- Wenn der Ball ins Aus geht, wird immer vom Torhüter aus weitergespielt.

Quelle: Pep Guardiolas Manchester City Trainingseinheiten, Etihad Campus Training Ground, Manchester

4. Schaffen einer Überzahlsituation und vorrückendes Angreifen in einem 3-Zonen-Spiel

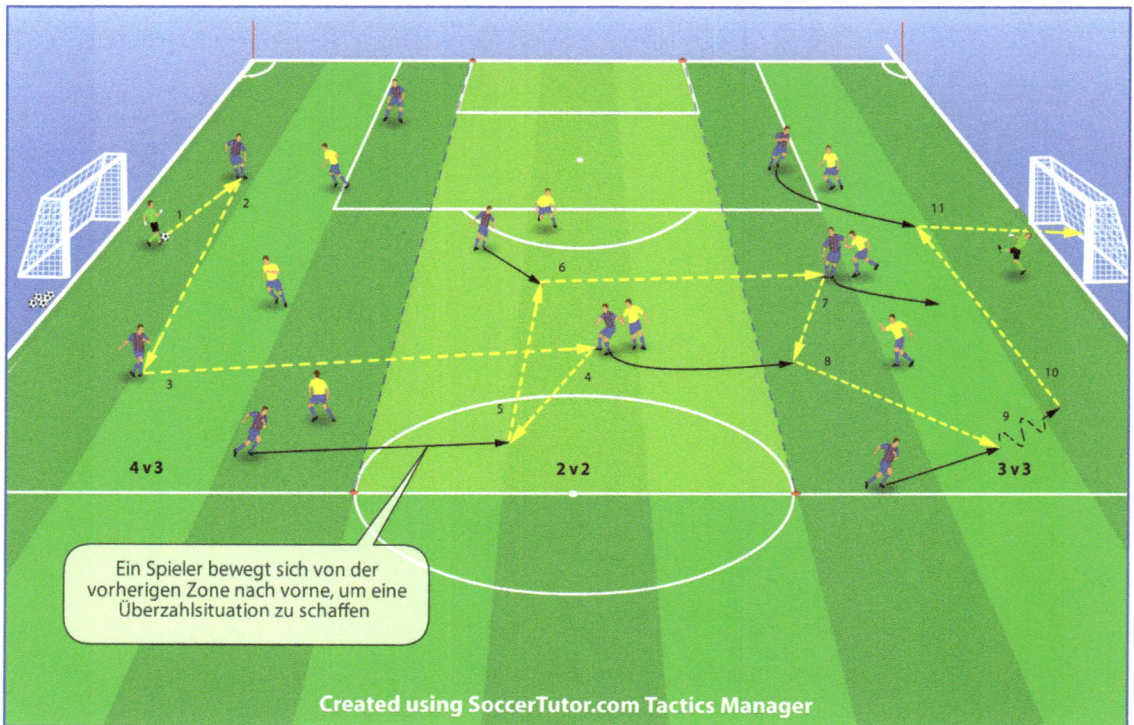

Ein Spieler bewegt sich von der vorherigen Zone nach vorne, um eine Überzahlsituation zu schaffen

Created using SoccerTutor.com Tactics Manager

Beschreibung

- Das halbe Spielfeld wird in drei gleiche Zonen aufgeteilt und die Mannschaften spielen 10v9.

- Zu Beginn gibt es eine 4v3 Situation in der ersten Zone, eine 2v2 Situation in der mittleren Zone und eine 3v3 Situation in der Endzone.

- Die Übung beginnt mit dem Torhüter und die Blauen bauen das Spiel mit einem 4v3-Vorteil auf. Das Ziel ist es, einen Pass zu einem Mitspieler in der Mittelzone zu spielen.

- Wenn ein blauer Spieler einen Pass in der Mittelzone erfolgreich annimmt, rückt ein

Spieler aus den unteren Zonen vor, um eine Überzahl Situation zu schaffen (3v2).

- Die Blauen versuchen wiederum, ihre Überzahl in der Mittelzone auszunutzen (3v2) und einen Pass zu einem Mitspieler in der Endzone zu spielen.

- Wenn ein blauer Spieler einen Pass in der Endzone erfolgreich annimmt, rückt ein Spieler aus der Mittelzone vor, um eine Überzahl Situation zu schaffen (4v3).

- Von diesem Punkt aus versuchen die Blauen, ihre Überzahl (4v3) auszunutzen, um ein Tor zu erzielen, wie im Diagramm dargestellt.

Quelle: Pep Guardiolas Trainingseinheit von Barcelonas B team (2007-08)

5. Positionsbasiertes 9v7 (+3 TWs) Spiel auf 3 Tore

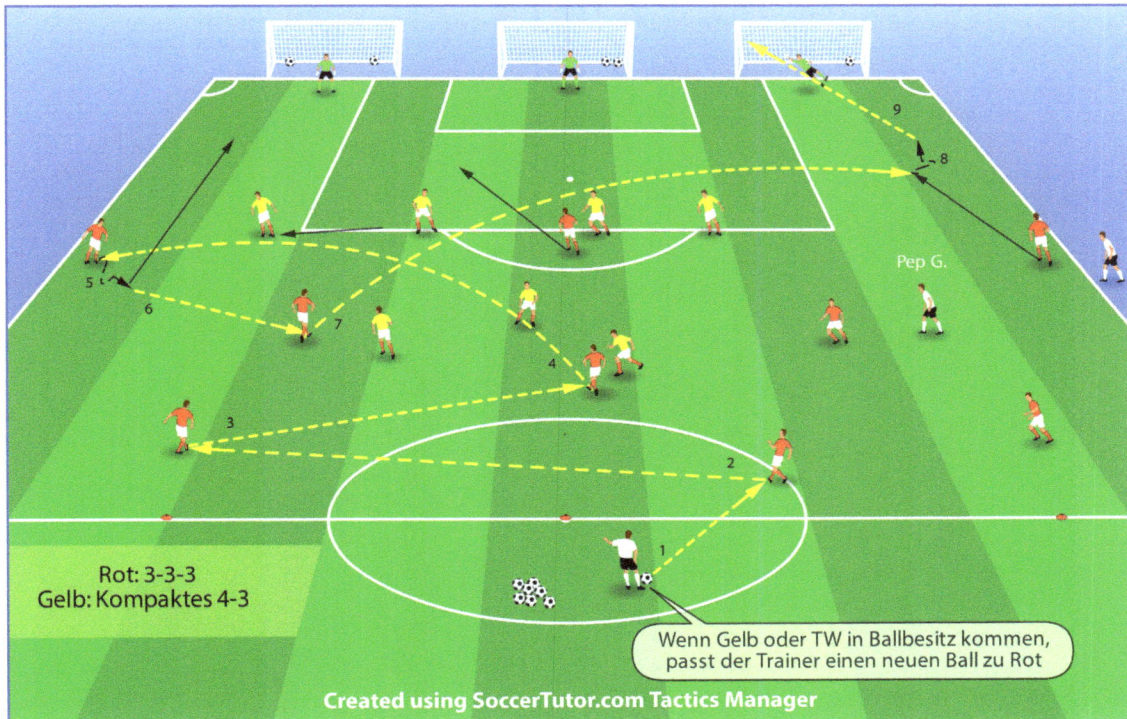

Rot: 3-3-3
Gelb: Kompaktes 4-3

Pep G.

Wenn Gelb oder TW in Ballbesitz kommen, passt der Trainer einen neuen Ball zu Rot

Created using SoccerTutor.com Tactics Manager

Beschreibung

- Die Mannschaften spielen auf einem halben Spielfeld ein Spiel 9v7 (+3 Torhüter).

- Die rote Mannschaft spielt in einer 3-3-3-Formation und die gelbe Mannschaft in einer kompakten 4-3-Formation.

- Es gibt 3 große Tore mit 3 Torhütern.

- Das Training beginnt damit, dass der Trainer und die rote Mannschaft ein Spiel aufbauen und versuchen, von hinten heraus aufzubauen und dann in eines der 3 Tore zu treffen.

- Die gelbe Mannschaft verteidigt die 3 Tore und versucht, den Ball zu erobern.

- Das Verteidigen von 3 Toren zwingt die gelbe Mannschaft dazu, sich mehr zu bewegen und zu verschieben als in einem normalen Spiel.

- Für die angreifende Mannschaft ist es einfacher, ihre Angriffe voranzutreiben und Passwege zu ihren Angreifern zu finden.

- Wenn ein gelber Spieler oder der Torwart in Ballbesitz kommt, der Ball ins Aus geht oder die rote Mannschaft ein Tor erzielt, wird das Spiel immer mit einem neuen Ball vom Trainer fortgesetz.

Quelle: Pep Guardiolas Bayern München Trainingseinheiten in Doha, Qatar – 7. Januar 2014

Milton Keynes UK
Ingram Content Group UK Ltd.
UKHW050101210924
448568UK00016B/164

9 781910 491560